Como hermanos

Antología poética sobre la amistad

Ediciones Afrodita

¡Ah! aquellos tiempos

Emilio Pérez A.
-Nicaragua-

Los de entonces,
somos los de ahora,
con la bruma del tiempo
en la mochila de la espalda,
con la distancia a la vuelta
de la esquina
y la pluma del recuerdo,
en pie de lucha.

Los de entonces,
somos los de ahora,
las calles han cambiado
de look,
nuestras huellas duermen
nuestro olvido,
la maleta de los sueños
en un rincón de la esperanza
y la almohada de la vida
en la solapa de nuestros pasos.

Los de entonces,
somos los de ahora,
con las vivencias
en las manos
y los nombres en un bolsillo
del alma,
eco del ayer en el hoy
de nuestro andar,
sana virtud de ver la existencia
en la nostalgia de nuestro mirar.

Correrías sin visión de futuro,
plena compañía de los años,
la nieve y su presencia
en la cima de nuestra montaña,
una amistad sin dobleces,
¡ah! aquellos tiempos.

Ramón Emilio Pérez Arias. Masatepe –Nicaragua- Docente jubilado. Escritor de poemas, cuentos cortos y canciones. Miembro del Círculo Literario de la Fundación Luisa Mercado de Masatepe. Integrante de las antologías: Antología Poética de Masatepe (2020), Secretos del corazón (Ediciones Afrodita, Argentina, 2021), A Flor de Piel (Fundación Poetas en Órbita, Nicaragua, 2021), parte del libro "Pónganle sello" del cronista deportivo Edgar Tijerino Mantilla, (Nicaragua 2021). Ganador del primer lugar de los "Juegos Florales Poetas en Órbita 2021, Alfonso Cortés", con el poemario, Poemas sin filtro. Participante del Festival Internacional de Poesía de Granada, capítulo Masatepe.

Amigo…

Juan Carlos Viale
-Argentina-

Amigo …
Palabra que te hace fiel,
palabra que te hace humano,
siempre te tengo a mi lado
cuando preciso una mano.
Siempre compartes conmigo
mis penas, mis alegrías
¿si no tuviera un amigo,
qué sería de mi vida?

Amigo …
Si alguna vez tú te fueras,
querría volverte a ver,
y ese día que te vea,
iré a saludarte Yo,
este amigo que te espera;
y Tú me recibirás
con un apretón de manos,
como dos grandes amigos
como dos buenos hermanos …

Juan Carlos Viale (1958) Nació en la ciudad de Cañuelas, Pcia. de Buenos Aires, Argentina. Es Profesor de Música y Asistente en Relaciones Laborales. Autor y Compositor de temas musicales, creador e integrante del conjunto musical "Grupo Latino", con numerosas canciones grabadas y editadas. Socio de SADAIC y AADI. Escribe poesías y canciones desde su adolescencia. A partir del año 2007 incursiona en el género narrativa con cuentos breves inspirado en historias reales e imaginarias. Intervino en distintos concursos y convocatorias, obteniendo algunos premios y participaciones en varias Antologías.

A ellos

Beata Beatriz
-México-

Los desamparados
Los arruinados
Los testarudos
Los sin quehacer…

Esos, son mis amigos

Los mala copa
Los más drogados
Los más idiotas
Los mal lavados…

Esos, también lo son

Poetas
Impertinentes
Artistas
Dementes
Delincuentes sin que hacer
Todos sudando el frío de la resaca
Todos mirándose la sombra
Todos conmigo, todos juntos y sin mí

Los que se sienten atraídos por el fuego
Los que se espantan el insomnio con alcohol
Los que luchan por no matarse cada hora
Los que dicen siempre no…

Esos, son mis más cercanos

Perdedores

Sin futuro
Mentirosos,
Los sin escrúpulos
Trasnochados
Desgraciados
Mis amigos, fieles
Leales
Locos y escurridizos
Nos abrazamos en la penumbra
Ardemos juntos en frascos blancos
Telepatía que conecta el corazón
Y al regresar

Juntos nos hemos salvado

Beata Beatriz. México. Mujer, acuariana. Madre de Caín. Poeta y collaxista de formación autodidacta. Participó en las dos primeras ediciones del Festival Kerouac en CDMX (2019-2020), en el cierre del Festival Letras de Tránsito del CCEMX (2019) y en distintos eventos de poesía en CDMX, Guadalajara y EDOMEX de 2014 a la fecha. «Aluminio» es su primer poemario publicado en una editorial independiente. Hoy día trabaja en la escritura de «Flexo».
IG decollage: @beatabeatrizcollaxista
IG de poesía: @beata_beatriz_poetry

A mi niña

Esther Haro Giacominich
-Uruguay-

¿Niña, estás ahí?
¿puedo hablarte?

Déjame explicarte
antes que nada

Tienes razón,
sabía que te hallabas ahí,
pero estuve pendiente
de otras personas
durante mi vida

Yo te debía dar
reconocimiento,
amor, amparo,
prioridad, apoyo,
pero me entretuve
con otros problemas
que no eran los tuyos

Y así sobreviviste,
sin crecer,
sin tener experiencias,
sin disfrutar amor mío y de otros,
sin alegrías, con duelos
y desazones,
observando la vida
con los ojos de otros,
y haciendo lo que ellos decían

Perdona,
yo no tuve fortaleza
para defenderte
y dejé que existieras
así como pudieras

Pero el tiempo es sabio,
y ahora entiendo
que es el momento
de estar contigo,
de hacerte madurar como persona
y pasar de niña mujer
a mujer completa

Disculpa si lloro, pero siento pena,
tú siempre estabas y yo te ignoraba

Pero quiero recuperar
la oportunidad perdida,
todavía quedan años
para estar juntas
¡ven a mis brazos,
si me perdonas!
yo siempre te quise,
pero no sabía cómo demostrarte
que eres mi aliento,
mi corazón, mi vida.

Esther Haro Giacominich (1959) Montevideo, Uruguay. Licenciada en Relaciones Laborales, egresada de la Facultad de Derecho de la UDELAR. Cada etapa de su vida le ha servido como inspiración, para expresar en letras, percepciones, sentimientos, vivencias, etc.; tanto en narrativa como en poesía. Sus "aportes literarios", como ella los llama, oportunamente, han sido presentados en distintas convocatorias de su país. Desde el año 2021, como jubilada de su carrera laboral en la Función Pública, le dio un nuevo impulso a la publicación digital de sus creaciones, en antologías, diarios, fanzines y revistas internacionales.

A mis amigos...

Filemón Zacarías García
(s) Gabriel Rulfo
-México-

Yo no tuve internet, yo tuve un árbol
y en él crecieron mundos y universos.
Pendiendo alguna tarde de sus ramas
colgado de las piernas
aprendí a mirar el mundo de otra forma
al revés [quizá] o quizá con ojos de metáfora.
Yo no tuve internet, yo tuve calle
y una tropa de amigos insurrectos
que guardaban al sol en sus mochilas
y al balón de futbol en los cristales.
¿Cuántas tardes volé en mi papalote?
¿Cuántos barcos arrié entre aquellos charcos? No lo sé,
solo sé que fui feliz de marinero. Tuve un río también,
y un árbol pletórico de tordos
y un rehilete de sueños, un trompo de madera
y un atillo de canicas y baleros.
Tuve un colibrí palpitante entre mis manos
¡Avecilla del mundo liberada! Entre risas chimuelas
y ojos llenos de inocentes esperanzas.
Tuve hambre alguna vez, pantalones raídos y rodillas raspadas
el cuerpo embadurnado de hierbajos
y el alma en buganvilia, coronada de tejas y portales.
Tuve un riachuelo cristalino
que me traía las voces de la Sierra
mientras forjaba mi historia en sus remansos
y me llenaba de asombro en sus cascadas.
Tuve, tuve…tuve. Tuve tantas cosas ¡tantas!
Que ahora mismo que escribo con esta puerta cerrada
pienso en mis amigos todos ¿Qué estarán haciendo?
Algunos habrán partido para siempre, otros,

dejarán escapar alguna lágrima
y otros como yo…
revivirán su infancia. Porque dígame usted
¿Quién no guarda un niño entre sus venas?
¿Quién no lleva un recuerdo en las entrañas?

Filemón Zacarías García. México. Autor de los poemarios, (Azul exilio y Tlapacoyan esmeralda en la llanura). Las novelas: (Internos libertos, "Bolaché" y de Almas gemelas y otros demonios") libros de cuentos: (De amor y de muerte, Edit. Al Mamar, y México es un lindo cruento). Ha sido antologado en compilaciones nacionales e internacionales de poesía y narrativa, y publica en diarios y suplementos culturales, así como en revistas digitales e impresas. Ganador en el Concurso Nacional de Cuento Zazamilli. Mención honorífica en el Concurso Nacional de Poesía "Vive México" 2019. Jurado, prologuista, compilador de antologías infantiles y de maestros normalistas y ponente en diferentes ferias de libro.

A mis dos amigas

Ray James López Chávez
(s) El Zorro
-Perú-

A mis dos amigas, a quienes cada vez que veo
dos ángeles tocan mi puerta
entonces en mi vida el ajetreo
tiene un respiro de vuelta.

En su risa la paz encuentro
y sus pasos encaminan los míos
son el regocijo en el tormento
donde me libero de líos.

Son el descanso para el caminante
y el sendero para esa estrella,
vienen al sol como tripulantes
de nobleza y amor sin ser doncellas.

En si estoy enaltecido
por tenerlas a mi costado,
Dios mucho me ha protegido
al ser ellas un gran sumario.

Una es luz, luz entre cualquier sombra
iluminando al necio y al amable
su actitud la conozco de sobra
ante ella, nada es inmutable.

Por la otra, una oda compuse
a tanta maravilla presente
la tristeza aquí fallece
siendo la bondad hoy vigente.

A mis dos amigas, quienes me miran como un héroe
sus manos suaves y dignas, protegen y nunca hieren.

Gracias a su labor encomiable
los serafines no tienen trabajo
será ese afán inglosable
o su carisma sin atajo.

Luz, siempre emerge de la oscuridad
pues, la caridad nunca se apaga
en ella está toda la verdad
encendiendo cualquier llama.

Oda, significa eso y más
la alegría pegada a la pared
acomodando ahí nomás
una rosa a su merced.

A mis dos amigas, les debo tantas cosas reunidas
que ni en mil vidas podría pagar
en ellas no existen envidias
pues todo lo quieren dar.

Solo pedí dinero y felicidad
recibiendo dos grandes tesoros
una compañía hasta la eternidad
y su ternura espanta ogros.

Si alguna vez les he fallado
nunca fue intención mía
comprendan soy muy testarudo
pero las necesito en mi vida.

Como necesito de los sueños
al pretender algo alcanzar,
pues me inspiran ante embrollos
donde no puedo claudicar.

Luz, es la fuerza que necesito
Oda, es la alegría que me falta,
una es mi recto veredicto
y la otra el descanso que levanta.
A mis dos amigas, así me vaya lejos, siempre las llevaré conmigo
aquí en la cabeza metida
ya me voy, porque lo que escribo
me sacó una lagrima hoy día.

Ray James López Chávez. "El Zorro". Perú. Profesor de secundaria en el área de comunicación, actualmente trabaja en la IE 40326 Juan Velasco Alvarado (Arequipa- La Joya). Ha publicado su primer poemario "En tu nombre" enero 2022. También ha contribuido con sus cuentos en varias revistas literarias. Es organizador de la revista literaria digital "Dragón escritor"

A mis hermanos

Berta Hidalla Arciniega Sánchez
-Ecuador-

El grito de mis hermanos indígenas
me despertó una mañana de junio,
pidiendo al gobierno pan, justica y cuidado
de nuestra pacha mama.

Los colibríes y gorriones los alegraron con su canto.
Por los chaquiñanes, una hilera multicolor
marcha rumbo al Paro Nacional
que se había anunciado con anticipación.

El sonido de la flauta, cuerno y guitarra
reconfortan su alma, mientras simultáneamente
bailan el Inti Raymi, ocasión
para juntos festejar.

Grandes oleadas de hermanos y hermanas
llegaron a las ciudades,
con voz firme levantaron su eco de protesta,
esperando una respuesta;
el opresor con bala y bombas respondió.

Gotas de lluvia refrescan el cansancio,
mientras la luna los abraza con tibieza
en las frías calzadas de la ciudad;
a lo lejos un búho llora este pesar.

Los días pasan, el cielo azul se transforma
en gris desolador de humo y gas.
Caen las primeras víctimas
del gobierno de terror.

La solidaridad de los quiteños,
no se dejó esperar, sostienen a los manifestantes,
con hermandad, frazadas y pan,
quienes los reaniman para continuar y luchar.

Los días pasan, los disparos y bombas
caen, reprimen y matan.
Los niños se ahogan, las madres corren
en busca de protección.

Las banderas blancas de las zonas de paz
flamearon por lo alto,
el personal humanitario corre entre disparos
para cumplir con su misión.

La multitud protestante crece cada día,
se toman ciudades, puentes y avenidas,
se escucha fuertes proclamas
de justicia y equidad.

El pueblo pide, cese la represión,
mientras nuestros hermanos han
hecho su plataforma de lucha
en las calles de la capital.

Hidalla Arciniega Sánchez. Imbabura-Ecuador, es bibliotecóloga y escritora de cuentos fantásticos, relatos y poesía. Ha publicado dos colecciones de cuentos en la Casa de la Cultura Ecuatoriana, Núcleo de Imbabura. Es articulista del Diario "Letras de Imbabura" y revistas de la misma institución. Ha sido finalista de varios concursos internacionales de cuento y poesía de editoriales en Argentina, México y Ecuador, cuyos trabajos han sido publicados en formatos impresos y digitales. Ha recibido algunos reconocimientos por su trabajo comprometido en animación, promoción y mediación lectora por el Ministerio de educación de Ecuador.

A punto de contarte

Ana Gloria Casale
-Argentina-

Estuve a punto de contarte
que el cuadro de mi mamá
decapitó al Sagrado Corazón
que la velaba
¿A quién más le diría
semejante cosa?
¿Con quién más buscaría
señales de otro mundo,
para terminar
llorando de risa
por las cosas más extrañas?
¿Con quién más saldría disfrazada
a cantar serenatas?
¿Con quién más haría
una ronda de hijos
para jugar hasta agotarnos?

Tengo al lado mío
tu espacio
que me acompaña.
No supe abrazar,
ni rezar
hasta que me enseñaste.
Juntas perseguimos
a todos los dioses,
a todos los sueños.

Esperé cada regreso tuyo
de otros mundos,
para escribirlo juntas,

juntas amamos
juntas parimos,
y nos estrellamos también.

Ni viuda, ni huérfana,
no sé cómo nombrarme
en tu ausencia.

No pude llorarte
hasta ahora,
tan ocupada
en sostener tu mano tibia,
grabarme su peso,
tus uñas redondas,
en llevarte al agua de la fuente,
cantando esa canción
con la que te arrullaba.

Ana Gloria Casale. Buenos Aires, Argentina. Junto a otras narradoras armaron La biblioteca del Puente, una biblioteca ambulante en el barrio de Caballito donde además de compartir libros, hay poesía en vivo, susurradores, música, narraciones y muestras plásticas. En la virtualidad participo de un grupo de escritoras poetas con quienes ofrecieron una vez al mes el café literario Mariposa Azul.

A un extranjero

Carlos Santiago Amézquita Villamizar
-Colombia-

En tierras lejanas hemos cultivado
nuestras diferencias. Por siglos
hemos habitado las mismas fantasías;
derramamos nuestra sangre,
sueños y pesadillas;

hemos creído en la Historia
sin importar el dolor…
tan viejas nuestras viejas tierras.

Ambos somos, de alguna manera,
herederos de la guerra,
pero también del mayor tesoro
y la mayor pérdida:

el lenguaje.

Hemos crecido,
nuestras palabras son lejanas,
tienen la forma de los árboles,
visten el color de nuestros ojos.

Pero aun así contamos con la forma del fuego
que permanece igual desde el principio de los tiempos,
el mismo calor nos llama a reunirnos
de noche, sin importar cuál es la marca
sobre nuestras frentes.
A veces, ese fuego también se llama
amistad.

Bienaventurados somos porque esa palabra
no es una palabra en absoluto;
solo una sonrisa.

Así que sonriamos, aunque sea la despedida,
ya no estamos

tan lejos.

Carlos Santiago Amézquita Villamizar. (1990) Neiva, Colombia. Es Realizador de Cine y Televisión de la Universidad Nacional de Colombia y Magister en Escrituras Creativas de la misma universidad. Sus poemas han sido publicados en las revistas de poesía La Raíz Invertida (Colombia) y Círculo de Poesía (México). También hizo parte de la antología Letras Emergentes (Colombia) en el 2022. Ganó el primer premio de poesía en el Concurso Departamental de Literatura del Huila en el 2019, y de cuento en la edición 2021 del mismo concurso.
Instagram: @carlossan.amezquita

Abrazo
Jesús Arencibia Lorenzo
-Cuba-

Pequeña muerte, la llaman; pero grande,
muy grande ha de ser, si matándonos nos nace.
-Eduardo Galeano-

Para Yulien, Peñate, Salas y Randy

Todo está dicho,
Galeano,
pero este fluir
ignoto
me dicta un calor remoto
y futuro,
fiel,
lozano.
Todo,
cuando siempre hermano;
todo,
cuando sueño y paso;
todo,
cuando amor y trazo;
todo,
cuando uno en dos,
puede ser más:
porque hay voz
para escribir
otro abrazo.

Jesús Arencibia Lorenzo. Cuba. Periodista y profesor universitario. Autor de los libros: A la vuelta de la esquina (Crónica, Ediciones Loynaz, 2018), La culpa es del que no enamora. Claves de Periodismo y Comunicación desde América Latina (Entrevistas, Ocean Sur, 2019) y Cuba: crónicas de a pie (Crónicas, Editorial Primigenios, 2021). Actualmente cursa un doctorado en Literatura Latinoamericana en la Universidad de Concepción (Chile).

Agigantada torre

Antonio Ramírez Córdova
-Puerto Rico-

Es trino de ruiseñor
que asciende
en su cántaro.
Un pájaro en el aire.
Una puesta de sol
donde salen abrazos
de torre transparente.
No la ensombrece
el tiempo ni la distancia.
¿Es eso la amistad?

Esplendor de consuelo
o lámpara en la noche.
Agigantada torre
del tiempo eterno.
Fulgurante presencia,
ancha siempre,
como el mar de Ulises.
¡Así es la amistad!

Antonio Ramírez Córdova. Puerto Rico. Poeta, cultivador de haiku, decimista, dramaturgo, ensayista, narrador, crítico literario y catedrático universitario jubilado. Egresado de la Universidad de Barcelona, España en 1968. Posee estudios posgraduados del Centro de Estudios Avanzados de PR y el Caribe; y la Universidad Interamericana de PR. Doctorado Honoris Causa otorgado por la Fundación Universidad Hispana (FUHI) de Perú. Es autor de: Humo y viento (1962), Si la violeta cayese de tus manos (1984) Para cantarle al amor (1998), Un caballo violeta para el sueño (2000), Renovada penumbra (2000), Sobre el reloj del tiempo (2010), Indeclinable asombro (2011), Al pie del sigilo (2014), Dichos de Antón (2019), Caballito de Sueños (2021), Más allá de las sombras (2022), Canción de Pájaros (2022), He sentido tu voz en el aire (2022) y Microteatro (2022). Figura en antologías de Hispanoamérica y Puerto Rico.

Ahora Déjame

Alejandra Marysol Benítez
-Argentina-

Ahora no me dejes sola,
En este rato quédate conmigo;
Se el búnker de este corazón,
Que está un poco más que roto.
Déjame que descanse en tus hombros,
Mi dolor y yo estamos llenos de esa codicia,
Sé que ayer renegaste,
cuando mis oídos fueron necios,
Pero no me sueltes ahora,
No estés dichoso de mi perdición.
Déjame quedarme contigo,
Déjame que me abrace a tus entrañas,
Deja que mis ojos vuelvan a estar limpios,
Déjame no me eches afuera.
Déjame que me aferre a tu calor,
La deriva ha hecho un glaciar de mí,
Deja dormir mis pestañas junto a tu cuello,
Ahora que tengo tanto miedo de mí.
Déjame ahora,
Déjame hasta que esté desconocido desaparezca;
Deja que tus brazos sean mi abrigo una vez más.

Benitez Alejandra. Escritora novel Argentina y estudiante de historia. Es una apasionada por las letras siendo su favorita "La Divina Comedia" de Dante. Anteriormente integró dos antologías de Ediciones Afrodita y la antología "Sucio de letra" de La Tuerca Andante.
Instagram: @notasdelinterior

Al amigo

Adriana Barrios R.
-Colombia-

Baila, soñador de historias
En las noches donde el hilo no se teje
Nos deshacemos como hojas secas.

Las aguas heladas no son símbolo de distancia
Lo vivido es la piedra lanzada al mar
Que retunda en las ondas.

Son tormentas las cosas simples
En la cabeza murmullos
La risa es voz llena de sabiduría.

Soportamos las ruinas del alma
Para encajar pedazos
Al son de la agria cebada, la palabra.

A los ojos, sin hablar
Se descubren las sombras
Bálsamo de miel que alivias.

Eres viento que lleva los mensajes
Ave que prestó sus alas
Ahora que estas roto yo bailo contigo.

Adriana Barrios Rodríguez. (1979) Bogotá, Colombia. Maestra en Artes plásticas de la Universidad de los Andes (Colombia)y Magister en Educación del Tecnológico de Monterrey (México). Actualmente se desempeña como profesora de Artes pláticas de niños y jóvenes. Le interesa la lectura y escritura de poesía, el dibujo, la pintura en acuarela y la fotografía.

Amiga
Gabriela Ladrón de Guevara de León
-México-

Compartimos vida tiempo esperanza
apoyadas construimos recuerdos
planes historias baladas secretos

Crecemos evolucionamos
tomadas de la mano
perder
encontrar
escucha atenta completa total
hermanas cómplices compañeras
caminamos poderosas

Abrazadas esperamos
que pase el naufragio
para recuperar el vuelo
y surcar el firmamento

Orgullosas festejamos
logros éxitos triunfos
amores bailes canciones
hoy te regalo querida
estos versos agradecida.

Gabriela Ladrón de Guevara de León. México. Profesora-Investigadora en la Universidad Autónoma de la Ciudad de México. Narradora oral, escritora y amante de la literatura. Su poemario "Ciudad: Mujer en movimiento" ha sido publicado por Enero Once Editorial, inaugurando la colección "Máquina de Trinos".

Amiga de infancia

Yatzury Colmenares
-Venezuela-

Corría por las calles atropellando a la gente
Que con caminar pausado iba despistada, ausente
Cruzaba las esquinas con audacia
Saltando el tráfico en movimiento
Sin noción del peligro, lo retaba con gracia
En semáforos rojos y cornetas de aspaviento
Montando en patineta cruzaba por avenidas
Plazas, cualquier ruta a su encuentro
Con pericia, por muros, paredes, escaleras
Sin temor, en piruetas sostenidas
Buscaba el éxtasis al filo de las aceras
Junto a sus amigos en patines y bicicletas
Retaban caracoles, rampas y escalones
El cambio del cielo, la tarde anunciaba
Calculando el tiempo, entre resbalones,
A correr de prisa, mirando la hora
La vuelta a casa entre risas y agites se daba
Antes que vecinos mirones y chismosos
Alerten a los padres cuya vuelta no demora
Y así cuando llegan, la miran dudosos
Tranquila, vestida y peinada como dulce dama
La niña traviesa, se encuentra en su cama
Con los quehaceres hechos, y una dulce sonrisa
Mientras debajo en el piso está escondida
Aquella patineta cómplice y bandida.

Yatzury Colmenares. Caracas-Venezuela. Abogado, Dramaturga y Escritora. Obras Teatrales: Lilith y Sus hijos (presentada en el V Festival de Teatro Rosa en el Teatro Municipal de Caracas en 2018) Triada de Libertad (ganadora del concurso Monte Ávila Editores 2018 para autores inéditos) La Hora del Café (ganadoras del concurso mensual mes abril muerte temática 2020 de la editorial ITA (Colombia) Con 3 poemarios publicados en E-Books (Reminiscencias En TINTA, Efluvios Esenciales del Amor y Natures Absent of Love)
Facebook: http://facebook.com/omiyatzury. (Reminiscencias En TINTA)
E-Books publicados:
https://www.Smashwords.com/books/view/1069099
(Reminiscencias En Tinta)
UBL: https://books2read.com/u/b6vKDM (Natures Absent of Love)

Amiga mía

Alejandro Chang Hernández
-Cuba-

Aquella mañana entrañable
Se convirtió en elegía
Que acompaña mi alegría,
Eterna si estás presente.

Se iluminó el horizonte
Con un inmenso arcoíris,
Descubriendo los confines
De secretas ilusiones.

Llegaste y se incendió
Con radiantes llamaradas
Mi alma, que te abrazó
Anhelante y hechizada.

Largas noches de insomnio
A la luz de las estrellas,
Compartiendo tantos sueños
Y canciones navideñas.

Soporte firme y seguro
Cuando el miedo y la tragedia
Acechan en la maleza,
Cual demonios de inframundo.

Juntos eternamente
Vagaremos por el mundo,
Corazones sonrientes
Unidos por el destino.

Alejandro Chang Hernández. (1990) Ciudad de Ciego de Ávila, provincia de igual nombre, Cuba. Ingeniero industrial y escritor aficionado. Desde pequeño se inclinó por la literatura, siendo sus géneros preferidos la poesía y el cuento corto. Hace poco tiempo publicó su primer libro de poesía en ebook, titulado "Palabras de un poeta aficionado", encontrándose en proceso de edición el formato físico. Posee un grupo en Facebook llamado "Palabras de un poeta aficionado" y una página titulada "Letras que tocan el alma".

Amigo

José Luis Fuentes Sánchez
-España-

Eres alma compañera
conmigo estás y no me fallas,
las verdades, aunque duelan
de tu boca nunca callan.

En los buenos momentos
cualquiera estará a mi lado
pero no en los concretos,
en especial si son malos.

En esos malos te tengo
demostrando tu valía
y con tu ausencia me vengo
a buscar tu compañía.

Grandes amigos verdaderos
se pueden contar con los dedos
que te ayudan sin un "pero"
y con muy pocos me quedo.

Más que amigo eres hermano
de sangre no, de corazón
siempre me tiendes tu mano
y me amparas con tesón.

Con tu huella me has marcado
en una especie de suerte
tu presencia está a mi lado,
amigos hasta la muerte.

José Luis Fuentes Sánchez. (1974) Barcelona (España). Escribe poesía desde una edad temprana, recibiendo varios reconocimientos de algunos grupos literarios en los que participa. Actualmente ha publicado un libro llamado "Poemas de un origen" donde se recogen situaciones cotidianas como el amor, injusticias sociales, o incluso el sentido del humor. Se puede comprar a través de Amazon. También se puede consultar su trabajo en su blog https://almadpoesia.blogspot.com donde se actualiza su contenido.

Amigo

Mª José Mira Picó
-España-

Donde tú guardas mi anhelo
vive la luz de mi pecho
alumbrando nuestras vidas
alejados de los miedos,
nuestros años van pasando,
se han derretido los hielos
que habitaban en el tiempo,
hemos emprendido juntos
viajes al cielo y al infierno
hemos buscado el amor,
a veces tan indefenso.

Cuando tú velas mi sueño
brilla todo el universo
acompañando el camino,
vestidos de sentimiento,
nuestras horas son presagio
de corazones abiertos
que luchan por ser eternos,
hemos dejado el legado
que al futuro dará ostento
hemos perdido el temor
que nos hace ser pequeños.

Donde tú pintas mi cielo
se destruye mi lamento
huyendo con ese viento
humilde y pluscuamperfecto,
nuestras almas son efecto
de todos esos momentos

que han luchado y han vencido,
que han batallado y perdido,
hemos increpado unidos
a las fuerzas del destino,
hemos vivido… mi amigo.

Mª José Mira Picó. Escritora, poeta y rapsoda natural de Barcelona y residente en Sax (Alicante). Su primer recital tuvo lugar en Valencia el día 9 de febrero de 1977 bajo la supervisión del ilustre poeta valenciano don Vicente Casp Verger cuando contaba con 19 años de edad. Desde entonces hasta hoy, ha ido en aumento su pasión por la poesía, plasmándose algunos de sus trabajos en su primer libro: "ONIL VERSO A VERSO", un segundo poemario "CLAROSCURO" y su último trabajo "EL LABERINTO DEL ALMA" Colaborando, además, en varios eventos y publicaciones literarias, tanto en verso como en prosa. https://www.facebook.com/claroscuro.es

Amigo

Rubén Gerardo Santos Lezcano
-Cuba-

Saberte vivo me reconforta,
me nutre, sana mi instinto,
descubre raíz de mis historias,
reverdece mi voz, es puro grito.

Recordar lo ocurrido es pozo
de donde brotan todas mis ganas,
dulce cascada, mirifico gozo,
arpegio vivo, nota del alma.

Detrás, contigo, descubro ruinas
casi olvidadas de mi pasado,
siembro esperanzas, estrecho mano,
y, con tu vino, limpio mis cuitas.

No nos importa gajes y oficios,
olvido lagrima, destierro errores,
venzo mis dudas con tus humores,
nuestra alegría se vuelve vicio.

Saberte ileso me vuelve fronda,
rio tranquilo, niebla que besa,
soy noche clara, casi certeza
que, del amor, somos impronta.
¡Atrás miserias y desencantos!
Tienes mi guante, bebo tu euforia,
somos dos alas, una memoria,
una sonrisa, quizás un llanto.

Somos dos nombres, un apellido,
un estanciero de dos verdades,
un mundo único que suma edades,
somos cadencia sobre el olvido.

Saberte invicto me brinda abrigo,
hierve mi sangre, es mi morada,
mi fértil tierra, mi buena azada,
doma mi verso, es soplo tibio.

Certeza tengo que somos prueba
de lo que un día fue nuestro sino,
somos decencia, también espuela,
nunca cansados..., ¡jamás vencidos!

Rubén Gerardo Santos Lezcano. (1964) La Habana, Cuba. Ingeniero de profesión, vinculado hace más de treinta años, colaborador permanente de varias revistas. En la actualidad con dos libros en proceso de edición.

Amigo fiel

Diego Esaú Torres Cardoza
-Perú-

No hablaba, pero en la noche, al llegar me saludaba
Saltaba, dando vueltas, feliz a mi llegada
Brincaba hasta mi pecho, me lamia todo el rostro
Saludaba sin palabras, me amaba sin decirlo

Corría dando vueltas, tocando la guitarra
O no, sacándose las pulgas, que en su cuerpo le estorbaban
Parado se quedaba en la mañana,
esperando que la noche me regrese
No importaba, si aún enfermo yo estuviera
A mi lado se quedaba sin reproche
no un minuto, no una hora, era toda aquella noche
en las mañanas como alarma, a mi lecho se subía
defendía mi pellejo, hasta el último suspiro
Acariciaba su cabeza y su cola él movía
Fiel amigo, compañero, ya no estas hoy que escribo
Ya no sales a encontrarme, en las noches que regreso
¿Por qué su vida es tan corta?, si el amor de ellos es inmenso.

Diego Esaú Torres Cardoza. (2004) Culqui – Paimas – Ayavaca-Piura-Perú. Joven poeta y escritor. Su amor por la poesía surgió en el año 2017 con la lectura del libro Sangre de campeón del escritor mexicano Carlos Cuauhtémoc Sánchez, cuando apenas tenía 13 años de edad. Terminó sus estudios en el año 2020 en el colegio nacional de Culqui y en septiembre del mismo año obtuvo el primer puesto en un concurso de poesía sobre la trata de personas. Asimismo, ha ganado en diferentes concursos de poesía y cuentos a nivel peruano, su poesía se viene difundiendo mediante las redes sociales.

Amigo
Dania García Larquin
-Cuba-

No te sentí llegar
Eras todavía. Un silencio
Pero estuviste
allí sin mí
Sin ti
Sin nadie
No tuve tu risa
In latido buscó mano y voz
Te presentía
Lo sabías.
Premeditado.
Llegaste
Sutil
Bello, querido, tierno
Necesario, listo y mío
Oportuno
Estás
Vives
Existes.

Dania García Larquin: Cuba -Minas Camagüey- Miembro del taller literario Manuel Navarro Lunas. Casa de cultura 26 de noviembre de Minas. Trabajadora de la biblioteca Clodoaldo Hernández de Minas. Premios provinciales en poesía. Premio de los juegos florales de Nuevitas. Camagüey.

Amigos

Pablo Luis Loyola Castillo
-Cuba-

De tanto andar por la vida,
Me di cuenta, que el amor,
Es un sentimiento puro,
Que del alma ha de llegar.

Amamos a nuestros hijos,
Nuestros padres y demás,
Pero, hay amores escondidos,
Que no nos han de faltar.

Hay hermanos que aparecen,
A mitad de nuestro andar,
Que también, amor, te ofrecen,
Amigos, se hacen llamar.

A ellos, con simples versos,
mi música, he de llevar,
haciendo arreglos sencillos,
Muy fáciles de cantar.

Les pondré ritmos de conga,
Pegajosos, al bailar,
Para que todos comprendan,
El valor de una amistad.

Y Entonces, para el final,
Les diré con mi poema,
Que, en las buenas o las malas,
Conmigo, pueden contar.

Pablo Luis Loyola Castillo

Pablo Luis Loyola Castillo. Cuba. En suss primeros años de la escuela primaria, ya escribía relatos. Entonces, llegó su adolescencia y con ella, un deseo enorme de escribir poesía que inundaba su alma. Le escribe al amor, a la fortuna, a la amistad, a la patria, a la vida en general. Siempre trata de mantener su poesía sencilla, sin palabras rebuscadas, para poder llegar a todo tipo de lectores, y que comprendan su mensaje.

Amigos que son grandes almas

Elizabeth David Puerta
-Colombia-

Hay amigos, que
tienen como misión,
llevar armonía y paz,
y escuchar con el corazón
siempre a los demás.

Enseñan a pedir perdón,
al otro bien aceptar,
respetando su condición
y también su libertad.

Por algo están en el mundo
viajando en busca de almas,
que conquistan en un segundo
con su paciencia y su calma.

Son seres un poco escasos
porque son tan maravillosos,
que lo que tocan a su paso
lo convierten en algo hermoso.

Con su luz siempre alumbran
a los que hay a su alrededor,
llenándolos de bondad,
alegría y mucho amor.

Conserva bien ese tesoro
tan valioso en la vida,
porque vale más que el oro
y más que una joya fina.

Elizabeth David Puerta. Medellín, Colombia. Docente, Poeta, escritora, dramaturga, promotora de lectura, investigadora de lecto escritura, directora de teatro infantil, embajadora de paz. Participa activamente en grupos literarios a nivel internacional. Ha compartido sus poemas en 15 antologías y en varias revistas de diferentes países. Autora de los libros: "Vivencias", "Versos que germinan" y "Remembranzas de mi pueblo"

Amigos sinceros

Juan Manuel Zamora Salinas
-México-

Empieza a pintar el pelo a blanco
Más en dificultad me dan su mano
El tiempo ha pasado y siguen a mi lado
Grandes amigos no hace falta nombrarlos

Dan un Consejo sincero
Ayudarme son primeros
Son más que un hermano
Amigos que me dan la mano

A pesar del tiempo sincera amistad
Amigos en las buenas y malas están
No tengo palabras para tan grande regalo
Queda saber del cielo fueron enviados

Amigos sinceros recuerdos compartimos
De cuando en prepa con pollos dormimos
Amigos sinceros vamos por una torta
Estando platicando alegría que se nota

Más puedo hablar y mucho expresar
Somos familia y unidos estar
Amigos sinceros son pocos
Cómo los míos no existen otros.

Juan Manuel Zamora Salinas. México. Escritor y poeta. Escribe lo que siente. Tiene tres libros publicados, dos poemarios y una novela corta. Ha participado en varias antologías. Encontró su pasión en escribir y pintar a través de sentimientos en palabras.

Amistad

Binod Dawadi
-Nepal-

La amistad es tal relación,
Que puede ser guardada por cualquiera,
Con nuestros amigos y familiares,
Con nuestras mascotas, plantas o nuestras flores,
La amistad es fundamental para hablar, cuidar, amar,
Para respetarnos unos a otros,
Para compartir nuestros sentimientos y visiones,
para compartir nuestra felicidad,
Así como nuestras alegrías,
Necesitamos amistad en nuestra vida,

Sin la amistad que es nuestra vida,
Sólo una vida sola,
que no obtiene la felicidad estando solo,
Amigo, ayúdanos y guíanos,
Nosotros también nos guiamos y amamos,
La amistad es inmortal,
No se puede ganar con dinero,
O la riqueza, pero sí nosotros,
Podemos tener un buen comportamiento
Y hacer un montón de amigos.

Binod Dawadi -Katmandú Nepal-. Escritor, docente y trabajador social. Sus pasatiempos son leer, escribir, ver películas, viajar, la jardinería, etc. Ha escrito en más de mil antologías. Su sueño es convertirse en un escritor exitoso. El suyo es siempre ayudar a los pobres de la sociedad. Es muy amable, gentil y honesto. Tiene muchos amigos. Es un hombre creativo, siempre se dedica a escribir o leer. Quiere trabajar en múltiples sectores a la vez.

Amistad

Edilia Torres Ochoa
-México-

Un día, en algún lugar nos cruzamos
las circunstancias nos juntaron
desnudaremos el corazón y empezamos a conocernos
se formará un cariño, fuerte, fiel y duradero.

Sin necesidad de lazos sanguíneos
cómplices seremos, y en ocasiones
de acuerdo no estaremos, no importará
porque de todas las vivencias aprenderemos.

En ocasiones nos tocará reír, en otras llorar
no importa si estás ahí y estoy aquí para apoyar
bonitos recuerdos empezaremos a formar
que en el alma por siempre se quedaran.

Si en tu día triste logre hacerte sonreír
ya fuimos felices
si mis brazos pudieron dar confort a tu dolor
lograron su labor
porque sé que si me necesitas estoy
y si te necesito estas, a eso llamo amistad.

Edilia Torres Ochoa. Nacida en Sonora, México en 1981, Ingeniero por profesión; tuvo gusto por las artes literarias a temprana edad. Apasionada por la lectura, aficionada de los trazos, admiradora de la naturaleza y eterna romántica. Contribuyó con escritos y fotografías para la revista "Va de nuez" realizada por un grupo de compañeros aficionados a la escritura; actualmente (Junio 2021) imprimió sus poemas en un libro llamado "Entre la espuma del jabón y el corazón".

Amistad

Ernesto Alejandro Bandomo Ihanes
(s) El poeta de la Silla Vacía
-Cuba-

"Para mis verdaderos amigos"

Búscame amigo, amiga, en el susurro
del viento.
En el vuelo del zunzún, en los páramos
del monte.
Búscame en lo tranquilo del mar,
en las olas, en el ojo de las tempestades.
Búscame allá, donde quieras y
cuando quieras.
Búscame y me encontrarás amigo.
Búscame más allá de las caricias
y los besos.
Más allá de los abrazos y los te quiero.
Búscame más allá de un apretón de
manos y los saludos,
todo eso puede ser relativamente falso.
Búscame más allá de la carne,
donde no existe para ti,
ni para mí, la hipocresía.
Búscame allá en lo inefable y cuenta
conmigo siempre.
Cuando me necesites, ahí estaré para ti.
Búscame para compartir tus alegrías y
secar posibles lágrimas.
Más allá de un día de juerga y un momento
agradable,
se fortalece y sustenta la amistad.
Búscame donde las palabras rompen

silencios y las acciones cumplen promesas.
Búscame cuando me necesites,
ahí tendrás tendida mi mano para apoyarte.
Para los miedos, yo te daré certidumbre.
Para las dudas, te ofrezco seguridad.
Para escuchar, mis oídos.
Para ver, mis ojos.
Para correr, mis pies.
Para vivir, mi vida.
Búscame amigo en los rayos del sol al
despertar el día,
en las tardes o en las noches frías,
cuando sea necesario ahí estaré.
Búscame para lo bueno y para lo malo,
para todo,
para eso somos amigos.

Amistad

Evangelina Arce
-Argentina-

Che amiga, no importa si es con birra, fernet o vino,
contame, ¿cómo estás?

Che amiga, tus mates me alivian la vida,
¿Vamos más seguido al parque?

Che amiga,
abrázame más que te extrañe.

Che amiga,
no me dejes equivocar tontamente,
y si lo hago,
no me dejes sola.

Che amiga,
no te olvides,
que, aunque pasen días/meses/años
siempre vas a tener
un refugio en mi casa,
un consejo de corazón,
y un abrazo desde el alma.

Instagram: @vangggge

Amistad

Gloria Suarez
(s) Gesy
-Argentina-

Una amistad se guarda
se lleva en el corazón
se cuida se protege
como el tesoro más preciado.

Una amistad es preciosa
cuando no te complace
cuando te dice la verdad
cuando se basa en la sinceridad.

Ésa amistad es la del amigo
que siempre está presente
en las buenas y en las malas
siempre contigo.

Una amistad no respeta
edad, sexo ni clero
y aunque a la distancia
ésa es la amistad que yo más quiero.

Gloria Suarez (Gesy) (1951) Argentina. Nacida en Sarandí, Provincia de Buenos Aires. Se trasladó a General Roca, provincia de Rio Negro, donde participó de varias instituciones y fue fundadora y primera presidenta de la Biblioteca Manuel Belgrano del barrio Belgrano de ésa ciudad. En 1993 se trasladó a Quequén donde participó de concursos habiendo sido mencionada en algunos. Le gusta leer y relatar situaciones de vida: Desde el año 2000 lleva algunos de sus pensamientos a la escritura. Ha recibido una mención especial en un concurso de la Biblioteca Popular Sarmiento en San Luis. Recientemente editó dos libros: S.O.S Corazón y LIBNI el ángel sonriente en honor a su nieta.

Amistad enriquecida

(Décimas espinelas)

Alejandro González Tápanes
-Cuba-

Comenzó robando un beso
una acción algo alarmante
ni rápida, ni constante
nunca llegó al embeleso.
Al término del proceso
las miradas se cruzaron,
tímidas se repelaron
sin ser polos similares
y luego como juglares
sus disculpas expresaron.

Amistad enriquecida
entre cuerdas, voces, versos,
tres componentes inmersos
a lo largo de la vida.
Una relación prohibida
su nombre pone a volar,
imposible imaginar
esa nota tan perpleja
que sirve de moraleja
para el que guste soñar.

Alejandro González Tápanes (Ciego de Ávila, Cuba, 1995). Escritor y poeta. Ha participado, entre otros, en el Segundo Certamen Literario Internacional auspiciado por el Complejo Bibliotecario Municipal de la Plata, Argentina (2022) y en la Antología Poética Mundial "Queremos paz y no guerra" editada en Potosí, Bolivia (2022), de manera virtual; en la Primera Edición del Concurso Artístico Literario "Las Aguas Mil" (2022) y en la Edición 46 del Seminario Provincial de Estudios Martianos (2022); en la Antología inspirada en la obra "Los diarios de Edmund tienen tapas azules" I y II ("El libro de los polacos"- Caleta Olivia) de Ana Wajszczuk (abril 2022) y la Antología "Escritores de Mayo" (mayo 2022), por Escritores Eleutheros, Mar del Plata Argentina; en la Antología, Mayo 2022, Tema: Día de las Madres (mayo 2022) y en la Antología "Escríbele a Papá" (junio 2022) por Arando Letras México; en el II Concurso Internacional "Un Jotabé por la Infancia" Arica, Chile (junio 2022)

Amistad es luz
María Erato
-México-

Cuando la neblina cala los muros de la voluntad,
las notas de la luna menguante
me obligan a cerrar las persianas del corazón.
Trinos blancos, cantos funestos acompañan
días estériles en que la ruta es incertidumbre.
En ese día, en ese momento,
las fuerzas de mi abrazo van hacia ti
que aplicando los artilugios de la bondad
tensaste las cuerdas de mi corazón
para evitar que las melodías rompan el cristal,
cuando llevo la cara a ras del piso, y los brazos,
larga lengua de plastilina, cansada de probar
y engullir soledades,
anhela otra vez el abrazo
que me permite soltar las alas, dejar de graznar
y entregarme a este vuelo, donde la gacela del
alma va persiguiendo nubes.

Luz que se dispersa en el torrente,
catarata de risa y ternura que ha bañado mis mejores horas.
En el potente anhelo de ser parte de este ramillete,
imperio contra la miseria y el desasosiego,
campo de estrellas donde cada brillo
en el pestañeo de la noche
es melodía cuántica y espacial.
Cometa visitando almas desiertas
pobladora de miradas, que es como veo todo,
como todo me mira y me recuerda,
porque así es como me enseñaste a ser,
un eco de esperanza.

María Irma Hernández Barroso. Escribe como María Erato. México. Profesora de Educación Media Superior en el Estado de México. Autora de la Antología Poética "Frutos de la compasión", México, Ed. EERH (2021); para solicitar libros al correo: mahe_i@hotmail.com.

Amistades de entretiempo

Emilio Gómez Castro
-España-

No quiero
amistades de filigrana
perdidas en la apariencia,
con grandes voces
de contenido mísero
y mendigante ausencia,
de caretas de colores
con sonrisa dibujada
de curva estrecha.

No quiero
una selfie de escayola
con traje de chaqueta,
vendedores de humo
de bonita letra,
de inconclusa llave
de falsa puerta.

Quiero
un amor sencillo
sin artilugios de contienda,
de aguas mansas
de tez discreta,
que sepa bailar en la lluvia
en sol y en las estrellas,
con abrazo sincero
de amistad fresca
sin papel de regalo
sin bruma, sin niebla.

No quiero
amistades de entretiempo
ni poemas caducos
de palabras muertas.

Contempla a la nube
al pájaro que vuela,
recoge el aroma
de las flores bellas.
Y guárdate amigo
de los fríos inviernos,
escuchando la música
que al corazón ensancha
y la mano aprieta.

Cuida de la amistad fértil,
rezumada colorea
los sueños de amor que florecen,
albores de primavera.

Emilio Gómez (1972) Córdoba (España). Maestro. Facultad de Ciencias de la Educación de Córdoba. Documentalista. Cuenta con diversas colaboraciones en prensa escrita. Ganador en la modalidad de poesía en el IX Certamen Literario Ricardo León (2019). Finalista en el V Certamen Literario Sierra de Francia (2019). Finalista en el I Certamen Literario de Encinas Reales. Coautor en Insania Tenebris (2020) e Insania Profeticum (2021). Colaboración en la revista literaria Obolo (2020). Antología literaria "Susurros del Corazón" (2020). Distinción literaria a la obra "Nudos" para formar parte de la Primera antología internacional de poesía y prosa del Concurso "Dr. Julio Argentino Aguirre Céliz", de la Biblioteca Popular Municipal Domingo Faustino Sarmiento (Argentina). Colaboración en Crisopeya. Revista de Arte y Literatura (2021) Medellín, Colombia. Antología literaria "El mar de las letras" Biblioplaya Almería. Ed. Azul Cobalto (2021).

Amistad sin limites

Elisio Faria
-Brasil-

Es con los ojos del corazón
Su manera de ver el mundo.
Para la gente que abre el cofre,
Extiende su mano y sonríe
¡Empaca y abraza a sus amigos!

Cuando se trata de dolor, es el bálsamo,
En caso de tristeza, se convierte en consuelo,
Ante las dudas, de repente aconseja
Y ofrece cariño en medio de la agitación
Con ojos de ternura
Son las manos las que ayudan.

Si el dolor del otro es cruel y frío, enciende el Sol,
En el sufrimiento de los demás como un día de invierno
Teje tonos primaverales
Y los cambia en horas florales,
En los días grises, se convierte en otoño.

En oración, levántense al Dios fuerte,
En agradecimiento a la vida y adoración a la belleza de vivir,
Y el silencio de su oración es de gratitud
En comunión espiritual,
Como un rosario
Presenta a sus amigos al Creador en oración.

Ella cree que no basta con existir,
Y entiende que es necesario saber vivir.
Y la gran lección de vivir,
Isabel canta su propia canción de amistad

Su dulce himno y su mantra
Hacer, tener, ser y mantener amigos:
Uno, dos, mil o más,
¡Tantos como la vida nos da!

Elisio Faria. Brasil. Es profesor, especialista en Literaturas en
Lengua Portuguesa. Es autor de dos libros y también comparte su
producción literaria en antologías y colecciones en prosa y verso.
Participa en Comunidades Poéticas y Academias Literarias en Brasil
y en países de América Latina.

Amparo de la brisa

José Luis Hernández Castellanos
-Cuba-

Del remolino yo escuché su voz, y la luz
ardía entre el silencio del café; ya
no estaba la ilusión cuando
llegó la mano, cuando
me abrió los ojos
la esperanza
de aquel,
el ego

del sensato cuerpo que me socorrió, y era
la sangre del ayer, una vieja canción
amanecida, antes acorralada
como yo, pero libre, muy
libre de ser el cautivo
bajo la oscuridad;
y era la mano,
eras tú;
tú

como un sólido reflejo del abrazo, o del
oleaje del verso necesario, o del
bolero que dulcifica el látigo
infinito. Te pareces al
amor cuando vas
sobre la brisa,
o cuando
bebes
sin

pensar que bañarás tus inmensos portales
con la gracia lunar; nada en ti es esa
rabia, sino el único porqué de tus
siluetas conformadas con
la carne. Nada en ti
es mejor que ver
al otro volar,
y llegar
con

su sonrisa al paradero de la pupila; nada
te hace más verbal cuando halas
al herido para colocarlo sobre
las blancas azucenas. Y
ese esfuerzo pueril,
eso que se ve
pequeño,
es ese
sol

que salta de ti, porque la distancia solo
malcría la broza de la oscuridad;
y mis llantos son los tuyos,
y tu sangre es la mía.

José Luis Hernández Castellanos. Cuba. Chef y Escritor. Primer
Premio Literario Internacional de Poesía UPF Argentina 2020.
Segundo Premio Internacional de Cuenvela, Puerto Rico 2021

Anchuroso mar

Iliana Beatriz Carballosa Ávila
-Cuba-

De ¿dónde vienes?
Tal vez tu secreto
Lo tragó el mascarón de proa
Y el cangrejo azul sobre los arrecifes
Guarda secretos de voces de nautas,
Náufragos, peces devorados
Almas que no volvieron
Tus mareas enamoradas de la luna
Por qué susurra en voz de olas
__ por su azul destino de atrapar
Madréporas y gigantes perlas
Caballitos de mar
Por su matrimonio con las costas
De diente de perro
Por ser tan ávido
Que retorna siempre sin cansancios
A los secretos cauces
Agua salada que baña mi cuerpo magro
Los mascarones de proa
Su sabor a marisma
A vaho marinero, quiero bajar a tu trono de algas, ver
castillos
Hablar con Alfonsina en lenguaje de mareas
Volver al misterio del viejo espigón en las tardes alucinantes
Y amar, amará aunque solo tenga el anchuroso mar…

Iliana Beatriz Carballosa Ávila. Cuba. profesora de Español-
Literatura. Pertenece al taller municipal, José María Heredia, desde

1998 ha ganado varios eventos de "León de León" y "Lengua de Pájaro", escribe poesía, narrativa, es MSc en Educación.
Investigadora tenaz, profesora del CUM Mayarí. Actualmente se desempeña como Especialista de Literatura en Casa de Cultura Mayarí. Tiene publicaciones en Editorial Fela ediciones Ecuador; Revistapuerta escarlata, México.

Añoranza

Yaima Hernández López.
-Cuba-

Cuando se cierra el camino para aquellos
que ya no tienen pies
Y la vida te arranca de tu tierra
Y el corazón tembloroso de dolor te indica el rumbo;
Atrás queda la patria,
La mano amiga, la familia perdida en las lágrimas
Y me pregunto, ¿qué ha sido de ti?
Golondrina sin retorno,
Lejos en nido ajeno.
Que ha sido de ti mí todo escogido,
Mi tesoro de papel
Mi libro abierto,
Mi hombro seguro
El caudal de sabiduría que jamás escogí,
Me acomodo en el muro del fracaso
Mientras mis lágrimas mojan tu recuerdo.
Lejos te has ido
De la risa, los encuentros, los regalos
Las fiestas a escondidas de los novios,
A dónde te llevaste mi mano,
Amiga ausente,
Que has hecho con todo el cariño que tenía para dar,
En tierra extraña
Con nuevas gentes,
Mientras dos ojos te lloran.
Un alma quedó rota,
Unos brazos te esperan
Para cundo decididas regresar

Al menos te llevaste contigo, las travesuras de antaño,
El amor acumulado,
Las ganas de seguir riendo
Por mí, por ti, por tu tierra
Por esta vida que nos aguarda pausada
Para retomar nuestra amistad.

Yaima Hernández López. (Cuba, 1991). Licenciada en la especialidad de teatro. M.Sc de la educación especial. Profesora de la Universidad de Ciego de Ávila. Publicaciones internacionales en antologías: En la segunda edición de la revista "Marjorie" (Colombia), cuento "La virgen y la gárgola". Quinta convocatoria de cuentos y relatos (Venezuela), cuento "La muchacha oscura y el señor de bigotes". Red de escritores y escénicas de Potosí Bolivia, en la Miscelánea "Animales en peligro de extinción", en la Antología "El hombre" y la Antología mundial "Queremos paz y no guerra", Revista Trinando #36 (México), Antología Pequeños Lectores (México).

Apegos
Jorge Osvaldo Pacheco Yáñez
-México-

Los amigos son portales
y consuelo de las penas,
de la arena son las sales
gentilezas que oxigenas.

Un amigo al corazón,
toca con cada latido,
dando origen conocido
al afecto y la pasión.
Compañero y sensación,
de apoyo donde se posa.
Luz de sol donde reposa,
dando chispas que salpican,
son cariños que repican
la bondad que se rebosa.

Son caminos con los velos
que cobijan la emoción
con la luz que de los cielos
forma lazos de oración

En escasez de vereda
esencia de integridad,
sembrada con unidad,
semillero sobre seda.
Siendo frutos que conceda,
con sabores de dulzura.
Deja rastros de frescura
inolvidable testigo,
cual dulce naciente higo,
amistad que miel supura.

Por la fuerza de los vientos
permanente relación
son afectos los alientos
y familia en adopción

Impulso que se define
distinción que ya merece,
hermandad donde se mece,
certeza mientras germine.
Reverencia que culmine
en respeto sin reclamo.
Son cariños del hermano
de justa paz ofrecida,
lealtad al tiempo surgida
y realidad que declamo.

Así son los amigos

Francisco Salas Rodríguez
-México-

Son como uvas maduras
que aderezan el alma
en momentos de aflicción,
fresco ungüento
en cruel herida,
que dejan las batallas
de guerras perdidas.

A veces, solo a veces
también son espinas,
espadas filosas
que hieren, apuñalan,
al cruel orgullo,
para sacar el veneno
de las venas de la soberbia.

Así son los amigos
gemas preciosas, baluartes,
familia, hermanos,
camaradas voluntarios
cómplices fieles,
en la miel o hiel
en la bondad y maldad.

Breve sinfonía versada

Rolando Reyes López
-Cuba-

Para Omar Enrique Pérez

Niño, eres de la primavera mi mensajero,
no te cuides del pico alto de los montes,
eres el dueño de esta confesión;
el Vesubio te observa
desde sus ardores de volcán,
el laberinto del universo
por instinto quema sus naves,
tu libertad está en primera fila,
entonces me abraza tu mirada de seda,
a mí, el poeta que llora solo en pleno equinoccio,
y aplacas con tu bello corazón,
a este hombre que se detiene a contemplar la primavera,
abres los brazos y extingues el fuego que se abre
a través de esta tormenta desosegada.

Yo necesito de tu amistad perdurable,
y pongas fin a estas insoportables agitaciones
dentro de mi pecho,
muéstrame tu serenidad dirigiendo la salida de sol.

Tú naciste para calmar el enojo de la naturaleza toda
y dotar de gracia los ojos de las chicas que aman.
Yo sé que tu impetuosa vergüenza me ha perdonado;
por esa razón venero tu arte de estación que principia
la conducción de la antorcha en esta oscuridad donde vivo.
Yo, que vengo siguiéndote
desde que supe que ser feliz tiene significado,
yo, que era un poeta lleno de espinas
y que vertía lágrimas
por adorar las flores inocentes,

yo, el poeta del destino sin aliento
fui el que encontró la suerte porque hallé tu ternura
y la hice mía para adornar de amor mis esperanzas;
tú, que eres el obsequio que encontré tras el naufragio,
dile a tu alma poderosa, que te quiero más que a nada.

Rolando Reyes López. (Pedro Betancourt. Matanzas. 1969).
Reside desde el año 1971 en el Municipio de Jovellanos. Matanzas.
Cuba. Graduado de Bachiller. Actualmente jubilado. Numerosos
relatos breves y poemas suyos han sido publicados en 17 Antologías
y 70 revistas digitales de varios países de Europa y Latinoamérica.
- Primer premio en el CONCURSO INTERNACIONAL DE
POESÍA "PAULINA MEDEIRO"; Uruguay. 2020.
-Tercer premio, con publicación en antología, en el II CERTAMEN
INTERNACIONAL DE POESÍA ALIAR. España. 2020.
-Premio Internacional de Poesía "Roberto Peregrino Salcedo".
2012. Argentina.

Caminamos juntos

Rafael Cervantes Gómez
(s) Conejosinluna
-México-

Y caminamos juntos por la vereda,
por esos caminos de la vida
sorteando juntos la charca y la piedra,
y evitando la zarza que en la orilla asoma.

Tu conmigo y yo contigo en el camino
de la vida, en busca de un destino
para ti y uno para mí, en un sólo aliento
de compañerismo el sentimiento.

Más que un gran amigo, hermano mío,
en la vida unidos juntos aprendimos a andar,
no sin tropiezos, más sin con caídas del uno y el otro,
más la mano siempre firme estuvo, para al amigo levantar.

Y aunque lagrimas aprendimos a secar,
cierto es que juntos también aprendimos a volar.
A soltar amarras para hacernos a la mar,
con velas desplegadas, con proa hacia altamar.

Volar, navegar, caminar hacia dónde nace el sol,
hacia los rumbos que de vez en vez el arcoíris traza,
y donde la luna se funde por la mañana como en un crisol
de poco a poco, hasta que de ella no queda nada.

Así amigo, hay que caminar, juntos caminar
sin importar si llovizna o si la tempestad arrecia,
porque no hay fuerza más grande para luchar,
que la mano firme que la amistad ofrenda.

De amistad compartida en una sintonía, en armonía,
más con altibajos, coincidencias y concertaciones
ante la dificultad en la coincidencia de actuaciones,
pero superadas con la fuerza de la amistad cercana.

De amistad que perdura en la eternidad,
más allá de la vida misma y del tiempo
terrenal dictado por el reloj, por la temporalidad
forjada por nosotros, los que integramos la humanidad.

El amigo, la amiga, que en la vida perdura,
que se mantiene cerca y con atinada prudencia
para extender la mano, promover la ayuda,
estar en el lugar, cuando el cercano tropieza o resbala.

Así, mi estimado compañero de viaje en la vida,
deja decirte cuan aprecio tenerte al lado, cuidarme la espalda,
y promover el hombro donde descansar mi pena,
que ofreces la mano al momento para ser tendida.

Deja decirte que también cuidaré, que velaré tu vida,
porque, hermano mío, más de mano que de sangre,
la amistad que nos une siempre adelante estará,
aunque para cruzar la mar tenga que armar una barca.

Aunque por la amistad tenga que domar al huracán
y controlar la tempestad con sólo la fuerza de mi voluntad,
de esa voluntad que la amistad las fuerzas templan
para vencer molinos de viento y cazar dragones de tiempo.

Para perseguir juntos sueños y apaciguar locuras,
de mirar la aurora y el amanecer cada día con nuevos ojos,
ojos que forjen realidades del ayer cada cual distintas,
más del hoy siempre presentes para ser vividas.

Vividas en vorágines de deseos abiertos, liberados,
sin los grilletes que el miedo impone a esas almas
que de soledad sufren por carecer de amigos,
vacíos por dentro y por fuera siempre tan solitarios.

Por eso amigo, dame la mano, sigue conmigo,
vayamos por ese camino que puso el destino
y caminemos los dos sin miedo y si con abrigo
de sentirse arropado por quien es mi amigo.

Caminemos, más no corramos, que al final de cuentas
la vida tiene sus tiempos y nosotros un destino
mutuo de andar hombro con hombro por esas veredas,
por esos sinuosos y pedregosos caminos.

Carta a mi hermano

Erika Arroyo Ortiz
-México-

Escribo mis versos con tinta de nostalgia
los lanzaré al viento como bandada de pájaros
para que los atrapes con tus manos callosas
esculpidas con arena y cal.
En ellos te digo cuanto añoro tu infancia
tu risa loca que contagiaba al eco de las barrancas
donde solíamos jugar entre madre selva y acacias.
Te has perdido en los días y en las noches
entre los miles de luceros que pululan en el cielo
mis ojos contemplan la bóveda celestial
en busca de tu mirada que juega a esconderse
entre las estrellas
mis brazos se extienden en el horizonte
para poder alcanzarte, solo te encuentro
en mis sueños y recuerdos.

He decidido no llorar por ti
las lágrimas se evaporan como el agua del mar
y se pierden en el infinito.
Prefiero abrazarte en cada gota de lluvia
saludarte con la puesta del sol
susurrar cuanto te amo en cada plegaria
porque creo en los milagros.
Que mi canto llegue a tu alma
y se regocijen tus huesos cansados
donde duermen con raíces nudosas
en la tierra regada por el llanto de mi madre.

Erika Arroyo Ortiz. México. Geóloga de profesión. Amante de la poesía. Pertenece al Colectivo "Letras Brujas BCS", que es un grupo de escritoras formadas con la capacitación de diferentes talleres de poesía y narrativa. Sus poemas se han publicado en las páginas "Letras Brujas", "Alas de Mariposa" y en "Festival Internacional de Poesía de Ensenada". Como Colectivo, actualmente están trabajando en la publicación de su primer libro de poesías.

Carta para una mujer
que siempre será princesa

AJRR, Adriana Rodríguez
-México-

Querida amiga:

Espero que te encuentres muy bien,
sé que he estado ausente,
pero quiero que sepas
que te tengo presente,
que te echo de menos,

Disculpa que desaparezca,
pero así es mi naturaleza despistada,
quise dejarte un mensaje
para que sepas
que sigues en mis pensamientos,

Que continúo fiel
a nuestra amistad,
sé que guardo silencio
por mucho tiempo,
pero es que hay días

que no salen las palabras,
que se ahoga la voz,
que agonizamos lento,
sé que me entiendes
¿Quién mejor que tú?

Qué eres mi reflejo
a excepción de los detalles,
somos similares,
pero a la vez diferentes,
casi en todo.

Quise escribirte
porque el día de hoy me lo permití,
después de días de agobio,
incertidumbre, ansiedad, zozobra,
todo eso que te aqueja

Por el solo hecho de ser quién somos.

Espero que estés muy bien
y que, en tus ratos de ocio,
que sé son escasos,
puedas disfrutar de un momento
solo para ti.

Recibe un fuerte abrazo
y un millar de bendiciones.
con inmenso afecto
atentamente,
La mujer que viene del mar

AJRR, Adriana Rodríguez, (1984) Originaria de H. Matamoros, Tamaulipas; México. Ha participado en eventos de poesía, revistas digitales y antologías tanto digitales cómo impresas.
Redes sociales: Facebook: AJRR Adriana Rodríguez.
tiktok: @adrianarodriguez_ofmx

Celebremos

Baltazar Cordero Tamez
-México-

A la vuelta de una vida
y sonriendo siempre, así
desde un roce efímero del tacto
entre dos manos temblorosas
dando pase a un apretón
cobijados a la sombra
de la gran casa de Dios.
Amigos si, desde entonces hasta hoy
después de atravesar todas las fronteras
entre el hombre y la mujer
sorteando escollos, dejando huella
en cada paso al caminar
al mismo ritmo de un dolor
de una caricia sutil
o un orgasmo sin final
buscando trascender en este espacio
heredando nuestra sangre en comunión
a través de tantas lunas
de sueños placidos o insomnios de color
amigos siempre, amantes hoy
desde ayer hasta este día
que nuestra extirpe avanza
transformando en el amor
flotando sobre las copas
de esta gran celebración.

Baltazar Cordero Tamez. México. Ingeniero químico de profesión, aficionado a las letras. Escribe Cuento y Poesía. Ganador de un Premio Estatal de Periodismo por un Articulo de Fondo, además de premios locales en Poesía al Mar. Comparte su obra con escritores de varias partes del mundo en Antologías y por la vía digital.

Como flores

Mayra Mier Armas
(s) Muso 2021
-Cuba-

A mí me nacen silvestres,
como las flores del campo, te van minando muy lento,
se te meten muy adentro.

Pienso es más que un canto, a las buenas relaciones,
ellas se hacen más fuertes,
brindan todo su apoyo, ni la distancia ni el tiempo destruirá
esa unidad, son sentimientos puros que te
minan muy adentro y agraciado es aquel,
que ha tenido esa suerte.

Eso se llama amistad, la comparo con la flor, que deleita con
su aroma, te despierta los sentidos
admirando sus colores,
mitigan todas tus penas
llenan tu corazón de gloria.

Mi gratitud y buena vibra,
a todos aquellos amigos,
que me quieren de verdad.
Gracias a Dios y a la vida, porque esas hermosas flores,
con el paso de los años,
han podido perdurar.

Mayra Mier Armas "Muso 2021" (1949) Cuba. Médico oftalmólogo. Algunos de sus poemas fueron publicados en revista online, diariosdecovid19.com.mx en la sección poetas en cuarentena, a través de Irene Selser. Escribe porque es una forma de expresarse y brindar lo mejor de ella.

Cuando necesites un amigo

José Martín Moscoso Reyes
-Guatemala-

Cuando necesites un amigo,
búscalo en la lluviosa tarde de invierno,
como en la bella mañana de primavera
su corazón será el oasis que buscas.

Cuando necesites de tu amigo,
recuerda que es un hombre con sentimientos,
un corazón abierto
unas manos cálidas de caricias.

Cuando necesites de tu amigo,
encontrarás el amor, nunca el desamor,
si hablas de tu amigo
aquel que te dijo "te quiero..." no lo olvides.

Cuando necesites de tu amigo,
busca el abrigo de sus brazos
el consuelo de su mirada,
el eterno amor de su corazón.

Cuando necesites de tu amigo,
recuerda la flor que te ofreció
con todo su amor... pues,
mi corazón será el oasis que buscas, Amiga mía.

Después de este tiempo

Ángel Arturo Garcés
-Cuba-

El tiempo me mira desde su rutinaria sonrisa.
Sumisa mueca del encierro
entre las confusas paredes del círculo
que le cuenta los pasos.
Su burlesco andar muerde la piel
y los huesos mueren oxidados
entre sueños desechos
a la espera de algún después.

El tiempo,
mi tiempo,
va aferrándose a mi mano y mis pies como pesada cadena.
Confuso límite de tanta huella por dejar en el camino
que se pierde con este abandono de pisadas.

Nuestro tiempo,
se sienta conmigo tras la ventana
esperando alguna llegada con abrazos
y un café de amigos
en cualquier mañana.

Ángel Arturo Garcés. Cuba. Premio de poesía ACTAF 2006 (Cuba). Semifinalista en el VI concurso de poesía erótica "Editorial Diversidad Literaria" (España 2020) Obra publicada en antología de este certamen. Semifinalista concurso de poesía romántica 3k"; (México 2020) obra en antología de este certamen. Publicaciones de narración y poesía en las revistas Ámalon y Primera Página. (México) Finalista en el concurso Notas Migratorias César Vallejo (2021) Título de Doctor Honoris Causa. Otorgado por la Universidad Hispana como reconocimiento a su obra literaria. (Lima. Perú 2021)

Detengo mi marcha

Mariano Daniel Gutiérrez
-Argentina-

Con el último aliento, la esperanza
Tras su lucha en el agónico reloj
Una mano que acuda, ella reclama
Como la escarcha, al tibio y viejo sol

Ambrosía, hambrienta de respeto
Que para no morir, bebe la verdad,
Como bebe agua el hombre, en el desierto,
Como al grito de su vientre, calma el pan…

Una voz que ha cantado tus victorias,
Si fraterna y triste, llora tu penar,
Invocando, una puerta, una salida,
Es moneda de oro, de tu capital…

Es que el hombre, sólo deja de ser nada,
En el instante, en que su facón cortó,
Filoso, de su historia, una tajada,
Para un hermano, como lo manda Dios…

Y, como el hombre, sólo es, del bien, mendigo,
Detengo mi marcha, para agradecer,
Por la amistad, sagrada, de un amigo,
Que ostento la suerte, de poder tener…

Mariano Daniel Gutiérrez. (1969) Córdoba, Argentina 1969. Lic. en comunicación Social. Profesor de Lengua y literatura. Profesor de tango argentino. Autor del poemario "La métrica línea embellecida" y de historias "Te perdono" y "Talón de Aquiles".Mención honorífica en el Certamen Internacional Letras para el Mundo, entre otras. Autor de artículos inéditos sobre la actualidad mundial en ucronías.

Divina amistad

César Blanco
-Venezuela-

a la memoria de, "EL NEGRO"
un perro amigo que, aunque no era mío,
jamás podré olvidar.

Es fruto que se mantiene virgen / hasta ser violada por la
mala intención.
No permite el picoteo del pájaro que vuela en el tiempo
ella se mantiene intacta ante la adversidad y la distancia.

Es quién lucha a capa y espada / curiosamente sólo
encontrarás contando los dedos de la mano.
Lucha contra todo / procurando no perecer en el intento.

Es nervadura firme que se adhiere con fuerza al cuerpo frágil
de las hojas / aun estando secas.

Es más que afecto compartido / verdad / sin secretos
aunque no exista nexo de consanguinidad.

Es la punta del lápiz que expresa en dibujos / trazos y
símbolos la querencia / pura y noble del corazón.

Divina amistad la que se ofrece para siempre
sin esperar nada a cambio,
es luciérnaga que brilla ofreciendo su luz en el andar.

La amistad se hace longeva y eterna y muere a gusto cuando
constata que nunca falló,
que fue infinitamente real y fiel a la hermandad.

La amistad es la ventana / la puerta abierta de par en par
que ve más allá del ocaso / honrando el trato jurado con
sangre.

Hoy la honro y celebro / es y será a huella que quedará como
un sello de afecto común /
en la memoria y trascendencia de aquellos que algún día han
tocado su mano.

César Blanco (1963). Maracay, Edo. Aragua / Venezuela – Poeta, Narrador, Artista Plástico, Docente Universitario, Fotógrafo, Diseñador Gráfico y editor. Diseñador Gráfico. Ha publicado los poemarios: "Monólogos" (2010) "Desde el Cuarto Piso". (2014). "De testigo la noche" (2019). Antologías recientes: Concierto lírico, poesía. (2019) La Cuarentena, cuento, (2020). La otra orilla, cuento. (2020). "Bicentenario" (2021). Entre otras. Lima/Perú. Sus textos han sido publicados en diferentes, antologías Nacionales e internacionales, revistas virtuales. Mantiene inédita gran parte de su obra, la misma ha sido traducida al inglés y al italiano.

Eclipse

Verónica Paravecino Loaiza
(s) Poetaoscuro
-Perú-

Hoy me levanté y pensé que todo era un sueño,
Te busque y es ahí donde choque con la realidad,
Dónde estabas, dóndee!!

Susurré tu nombre y no respondiste a mi llamado.
Grité tu nombre de nuevo y no hubo respuesta.

Es ahí donde caí en cuenta que todo esto no era un sueño,
si no una pesadilla que me quemaba la piel.

Te recuerdas que fuimos dos estrellas,
tan cercanas que brillaban en este cielo,
aunque salieran solo de noche siempre estaban juntas.

Pero tu quisiste ser un sol y yo una luna
y es así como la maldición cayó sobre nosotros;
aunque brilláramos en el mismo cielo,
nunca brillaríamos juntos y este sería nuestro calvario.

El sol brillaría de día siempre susurrando el nombre
de la luna,
La luna saldría por la noche buscando la compañía del sol,
más sin poder encontrarlo.

De tanto buscarse
cada cierto tiempo se encontraban accidentalmente,
Y en su alegría se abrazaban,
pero olvidaban que cada abrazo traía desgarros del alma,
que hacían sangrar la piel y manchaban de sangre su cuerpo.

A cada abrazo de la luna y el sol,
se lo conoció como eclipse
y un eclipse siempre es de un rojo intenso,
manchado por la sangre del sol y la luna.

Pero aun así nunca se dejarán de buscarse,
El sol siempre buscara a la luna y la luna sol.

Tú eras mi sol, y yo era tu luna
Y nuestra amistad esta sellada con un pacto de sangre.

Si te dejo de buscar,
no es mi culpa si no el de la muerte,
pero nunca dudes de mi cariño hacia ti;
porque hasta en la otra vida te seguiría queriendo con fervor.

Tú eras el único intérprete de mis silencios,
El único que conocía mis miedos,
El único que sabía calmar mis demonios.

No sé quién se aferra más a esta amistad,
¿tal vez tú o seré yo?,
Pero de algo estoy segura,
seguiré alimentando la chispa de esta amistad,
aunque me quede sin leña,
Aunque me quede de frio esperando tu regreso.

Dicen que el primer amor no se olvida;
Tonterías,
Yo digo:
¿quién pudo olvidar su primera amistad?

Yo sé que volverás,
Me lo susurra el corazón
Y el cerebro empezó a tener fe.

Vuelve y seamos un eclipse, aunque sea por un segundo,
Aunque agotemos toda nuestra sangre,
desangrándonos en un abrazo
Pero yo sé que seremos felices ese segundo,
aunque después nos espere la muerte amigo mío.

Vuelveeeee!!!

El caudal

Adamary Cadena
-México-

Sentadas a la orilla del río denigro a mi mente en un abismo
Contemplando las bifurcaciones del agua,
siento que la vida avanza
El sol se oculta y el silencio nos abruma
Me miras a los ojos, y yo miro tu cabello rojo apaciguarse

No dices nada, yo solo miro
Miro que tu boca esta callada, pero tus ojos están diciendo
Dicen palabras que no entiendo
Conjuras situaciones, yo suspiro

Nuestros pies se balancean, nuestra respiración se entrecorta
Sueltas una vocal seguida de una línea corta
Miras atrás el sol te ciega
Vuelves a callar, tu pensamiento te relega

Confundida trato de mirar al fondo del caudal
Siento tu mirada divagar entre mi presencia y la de ellos
Con mis pies puedo sentir el humedal
Sueltas la primera palabra y me miras entre pestañas

Poso mis ojos en los tuyos
Vuelvo la mirada y los veo
Riendo y gritando los contemplo
Dices que son tus amigos y pueden ser los míos

Serán siempre tuyos, mas míos jamás
Lo entiendes en un parpadear, me tomas la mano
y dices que vendrás
Mas nunca regresas y no volverás
Sentada en la orilla del río nunca te esperare jamás.

Tecpoyotl Cadena Adamary. (2002) Puebla, México. Estudia la carrera de Lingüística y Literatura Hispánica en la Facultad de Filosofía y Letras de la Benemérita Universidad Autónoma de Puebla. Participó en la revista estudiantil de la FFyL "Cinco patios" con la minificción Olores. Actualmente sube contenido en su Instagram _00aaad.

El Negro Cósmico

René Noé Coz Paxtor
-Guatemala-

Sus ojitos brillaban como las estrellas,
con su cola me mostraba su amor,
sus cantos y ladridos eran mi clamor,
sus afiladas dagas eran blancas y bellas.

Todas las noches le ladraba a un fantasma,
perseguía autos y su propia cola en el patio,
con sus alas negras voló y jugó en el cielo,
tejió en las estrellas un hermoso poema.

Juntos paseábamos en la gran ciudad,
siempre perseguía aquella cachorrita,
mientras yo me fijaba en la vecinita
para olvidar mi absurda y fría soledad.

Mi guardián cósmico, solo era un cachorrito
cuando en la gélida noche lo envenenaron,
fue una pesadilla, se pudrió mi roto corazón
al amanecer, al ver muerto mi peludo perrito.

Mi negro cósmico se convirtió en un cadejo gris,
para protegerme en la perpetua obscuridad,
siempre escucho sus ladridos en mi soledad,
sin mi bello canino, ahora soy un mortal infeliz.

El que vestía de negro

César Alejandro Treviño Cruz
-México-

Vestido de gala con un traje negro,
pero con algunas pocas manchas blancas,
que le dan su gran esencia y su buen ver.
Se esconde y resguarda en una linda caja.
Ahí vive sin aquejo o menester.
Tanto es así, que la considera un templo.

Unos dicen que él ya es un viejo amargado
bañado en canas y que es malhumorado.
Aun así, su traje negro es de mi agrado
y sus zapatos blancos, son muy fachados.

En las noches él canta junto a los perros.
En coro, arrullan a las estrellas gratas.
No duerme hasta ver la luna yacer
con su cobija blanda que se dilata…
Que se dilata ante el nuevo amanecer.
Como los pétalos de una flor en griesgo
contra la ausencia fría y vientos austeros.
Contra la luz roja de la luna rota,
que se rompe en mester de brazos de ayer.
Brazos de aquel juglar perdido y nochero,
deambulando en un sendero ya nublado
en busca de quien porta traje en la piel.

Vestido de gala con un traje negro,
pero con algunas pocas manchas blancas,
que le dan su gran esencia y su buen ver.
A lo lejos, se sube a esas nubes blancas.
Roza la sien de la luna sin volver.
Cierra sus ojos y descansa en los cerros.
Ha partido ya el que vestía de negro…

César Alejandro Treviño Cruz. (2002) Nuevo León, México. Cuenta con 19 años y ha finalizado sus estudios en la preparatoria Cedart Alfonso Reyes. Ha trabajado y concursado en encuentros como: Concurso de cuento breve, de la 9a Feria del Libro CEDART–INBA 2018, y una participación en el VI Encuentro Nacional de Literatura CEDART–INBA 2019. También, ha participado en distintos cursos de poesía y escritura con maestros cómo: Bruno Javier, Miguel Durán y Luis Felipe Lomelí. Su poema "Viento" fue seleccionado por Ediciones Afrodita para formar parte de la antología poética "Melodías del alma" correspondiente a la Convocatoria "Día de San Valentín 2021 - Argentina/2021.

Ellos me salvaron

Mapi Scarlett Flores Cruz
-México-

Hace un año esas personas me salvaron
Sin pedir nada a cambio me recibieron con abrazos,
Se quedaron tantas noches escuchando mis penas y sollozos
Y eso siempre será más valioso que el oro.

No tenemos sangre de hermanos, pero que tanto nos hemos
ayudado,
Se puede estar enamorado de las amistades que hemos
formado
Sin que exista perversión, deseo o algún tipo de pasión.
Aprendí a amar a la gente que se quedaría contigo cuando
estés derramado y desorientado.

Amigo mío, amiga mía nunca dejen de llamar
Sé que algún día la distancia física o espiritual nos separará
Pero nuestras experiencias ningún mal las borrará
Y cuando el fin de nuestra unión este cerca
Dejaré todos nuestros secretos en una nostálgica sonrisa.

Cuando se vayan no cierren la puerta
Porque siempre estaré ansiosa de ver de nuevo a alguien
entrar,
En este hogar llamado el mar de la amistad.

Mapi Scarlett Flores Cruz. México - Enlaces: Para más escritos
disponibles en mi Instagram: mapi_florescruz

En la oscuridad mi luz

Rocío Prieto Valdivia
-México-

Para Antonio Montana

"La amistad te impide resbalar al abismo"
Bruce Springsteen

¿Que quién eres
preguntan al verme sonreír?
Cuando las peores cosas pasan,
cuando todo es oscuridad
y la solución no llega.
Sonrío al pensar en ti
Porque sé que en ti me apoyaré
en el momento exacto,
en ese lugar luminoso y
convertirás todo en alegría
estrecharás mi mano
en señal de empatía.
Confortarás mi alma,
escucharás mi aburrida oración
miraré tus ojos cafés por unos segundos buscando los míos.
Besarás mi rostro
diciéndome:
no pasa nada chiquilla
borra los malos momentos
como no sonreír ante eso.
Y todavía preguntan quién eres.
Eres el hombre al que yo llamó mi amigo, mi refugio en los
momentos de tempestad.

Rocío Prieto Valdivia Mexicali. (1974) Baja California. México Escritora, promotora de lectura. Imparte talleres infantiles y juveniles de escritura, lectura y arte. Coordinadora del Festival internacional de grito de Mujer sede Ensenada. Directora de Arte Letras Migrantes proyecto cultural independiente. Cofundadora del taller y proyecto Letras y Voces de Ensenada grupo literario independiente de promoción cultural y editorial. Editora, creadora del proyecto literario de la REVISTA LA GATA ROJA. Creadora y editora del proyecto poético literario "las voces del silencio" Y creadora de las jornadas literarias itinerantes por la paz mundial.

Ha publicado en revistas electrónicas, y físicas Monolito, La Piraña, Histeria, La Huella del Coyote, Diario del Sureste, Buenos Relatos entre otras. Es autora de los libros Soñar entre Mariposas, Sueños Lúcidos y Veinte Poemas Perdedores y un instructivo que no sirve para nada, El árbol de naranjas y otros cuentos, entre otros, es autora de la columna bajo el barandal en la revista Delatripa. Integrante del taller literario "La Catarsis Literaria" del escritor Adán Echeverría García. Radica actualmente en Ensenada Baja California.

En praderas y montañas

Fabio Robles Martínez
-Costa Rica-

"Se convierten en hermanos
los amigos que en la vida
se comportan meridianos
y son nobles sin medida"

Nos despierta la sonrisa
que sale de forma diáfana
del fondo del corazón,
el amigo de horas gratas;
que se levanta venciendo
las inhóspitas nevascas,
y cuando alcanza la gloria
en lo profundo del alma,
nos despierta la sonrisa,
el amigo de horas gratas.

En momentos de tristeza
compartimos mustias lágrimas,
con amor siempre extendemos
nuestra mano solidaria
que como afable cayado
da sustento en la borrasca,
dejamos veraz mensaje,
como condición humana:
en momentos de tristeza,
nuestra mano solidaria.

A los amigos queremos,
compartimos sus parábolas,
caminando siempre juntos
en praderas y montañas,

cuando afloran correcciones,
llevan la verdad atada,
no existe nadie perfecto,
se menciona como alianza,
a los amigos queremos
en praderas y montañas.

Los amigos son hermanos,
con candor nos acompañan,
compartiendo los senderos
en las buenas y en las malas,
son ángeles que comparten
sus fontanas de bonanza
que confortan nuestra vida
sin importar las estancias,
los amigos son hermanos
en las buenas y las malas.

Fabio Robles Martínez. Cartago, Costa Rica. Ingeniero Agrónomo. Miembro de la Galería de Cultura del Colegio de Ingenieros Agrónomos. Reseñador bibliográfico: "Caballero Cruz" del Real Orden Poético literario Juan Benito, España. Miembro de la Academia española de Literatura Moderna. Participante en varias Antologías Internacionales de Poesía. Premios: Ganador del Primer Concurso Internacional "Canto a Valencia", 2022 Ganador del Concurso Internacional "Jotabeando a la mexicana", México, 2021. Ganador Concurso Internacional: "Jotaberos por la paz", Salta, Argentina, 2021 Segundo Lugar del Certamen de Poesía para mayores de Ajype, Alicante, España, 2021. Poemarios: Círculo Perpetuo, 1997, Tejiendo Quimeras, Sonetos, 2021, A corazón abierto (Coautor), 2021 y Remanso Silencios, 2022.

En silencio

Mónica Cataldo
-Argentina-

Permitime, escudriñar en tu alma,
oír tu clamor silencioso.
Mirame a los ojos un largo rato,
dejame abrazarte para sentir
el latido del corazón
que se acelera en tu pecho.
La pena te atrapa.
Se fue quién eras, ya no sé dónde.
No te escondas. Volvé con tus bríos.
No hace falta que me cuentes.
La tristeza está llena de lágrimas guardadas.
¿Dónde desemboca todo ese caudal de pena
sin dejar a su paso devastación y ruinas?
¿Cómo librarte de esa marea
que sube y te ahoga
a causa de la aflicción que te acompaña?
Vení. Yo sé escuchar y leer
lo que expresan tus ojos cuando lloran.
¡Los he visto desbordarse tantas veces!
No retengas la pena. Déjala correr,
aunque queden anegados los caminos.
Después saltaremos los charcos,
vos vacío de congoja,
yo, completa por haberte contenido.

Mónica Cataldo. (1960) Argentina, nacida en Buenos Aires. Ejerce la docencia en escuela primaria, lee novelas y escribe cuentos. Participa de concursos para compartir mi trabajo con otros lectores y también recibir sus opiniones

Enciende la antorcha

Estela Noemí Colón
(s) Anastacia Esahian
-Argentina-

El frío dibuja sus mejillas
hiriéndolas de silencio
mientras el invierno alborota su alma
entre columpios, pelotas y muñecas
en la casita del árbol
resuenan aquellas risas infantiles.

Atardecen los sueños
arremolinando recuerdos de otoño y primavera,
en cada esquina florecen paisajes
y remontan vuelo en barriletes
es el abrazo fraterno
que teje historias de eterna amistad.

Ya se disipa la noche
hay un camino que dibuja el amanecer
y en fragmentos de luz
acorta las distancias
cuando al abrigo del corazón
se enciende la antorcha de nuestra hermandad.

Estela Noemí Colón. Nació en Médanos, Pcia. de Buenos Aires. Desde niña vive en Centenario (Neuquén), cursó estudios primarios en la Escuela Parroquial "Virgen de Luján" y secundarios en el C.P.E.M. N° 1 de esta localidad. Comenzó a escribir desde pequeña, acentuando su vocación en el colegio secundario. Cursó hasta tercer año de la carrera de Licenciatura y Profesorado en Letras en la Universidad Nacional del Comahue. Participó en diferentes actividades literarias, culturales y artísticas de la región, Certámenes

Literarios, Eventos Culturales, Maratón de Lectura, Talleres Literarios, Antologías Literarias y Juegos Florales, también ha sido Jurado en Concursos Literarios y colaboró en programas radiales de temática cultural. Ha obteniendo numerosos premios y galardones; siendo su nombre artístico el de Anastacia Esahian.
Enlaces:
https://cafecito.app/anastacia-esahian
https://www.instagram.com/anastaciaesahian/?hl=es-la
http://anastacia-esahian-poeta.blogspot.com.ar/
https://projectesahian.carrd.co/

Entre nosotros

Alicia Mejía Alba
-México-

El sabio concluyó desde su barba milenaria
enroscada en la sombra de la montaña etérea
Dos árboles se unen, dos colores crean otro
y pintan la vida desde allí.

Busqué entre la gente no había ramas u hojas
les hallé juegos, mariposas, canciones, jardines
castillos alzados en la imaginación
helados a medio comer, pasteles por soplar

II

Un hombre se escurría sobre la tumba de su gato
palpaba el musgo crecido la piel seca del relente
me dijo que perdió un tesoro
la vida no podía ser así de cruel ¿verdad?

Lo creado por nosotros no era un tesoro
esos siempre se ocultan y envejecen en las vitrinas
se admiran y no son libres

III

¿Qué es este sentimiento?
cosquilla de flotar y llover, caer al cielo y sembrar
excusa de invención burbujeando las tardes
de nuevas aguas y vientos

Es magia ¿verdad?
cala y habita mi piel, tintinea en tu cuerpo
llena al corazón de centellas que te canto
raya tu voz de soles bamboleantes que me obsequias

Fuerza compartida
la rebelde insistencia de crear realidad y felicidad
la intrépida elección de que estas risas confidentes
nuestras manos acunadas y sus melodías
durarán más allá de nuestras muertes.

Alicia Mejía Alba (1992) México. Ha realizado presentaciones de poesías, así como publicaciones en revistas digitales como El ojo de Uk, Sirena varada, De la tripa, Universo de Letras. Sus poemas han sido publicados en el libro colectivo Verso Libre Poesía Actual Texcocana del Colectivo Verso Libre, Antología Versar Texcoco de Ediciones Ave Azul y Renacer en primavera de Ediciones Afrodita.

Eres
Agustín Ávila Rodríguez
-Cuba-

No te hagas a un lado después que me encontraste.
Permite te tenga de nuevo entre mis sueños;
Igual que aquellos años cuando nos conocimos, y yo de tu
alegría quererme hacer el dueño.
Aférrate conmigo en éste, nuestro encuentro,
Como es particular de ti, amiga mía;
Perdona si es poco lo que ofrezco, de pláceme a tu gran
sabiduría.
Sabiduría racional es, no más que una sirviente queriendo
componer lo equivocado,
La tuya es tan distinta amiga mía,
Por eso no te apartes de mí lado.
No te hagas a un lado amiga mía, que quedo tan desnudo y
destrozado.
Prefiero esa otra, la intuitiva,
la que un día nos unió de un sólo abrazo;
Tocándonos sin miedo los sentidos, haciendo juntar nuestros
caminos, aun estando separados.
Será tan bueno repetirte,
No te hagas a un lado buena amiga, de mi esperanza
o de tu pausado.
Eres, como quiera siempre
Y para mí, el más grande y hermoso regalo sagrado.

Agustín Ávila Rodríguez, la Habana Cuba. Escribe desde su adolescencia; Literatura en general, pero ha publicado sólo el género poesía. No se desempeña profesionalmente como escritor, pues es graduado de ciencias técnicas, y ha dedicado toda su vida a su carrera en el área de la emergía en su país. Posee una vasta obra inédita, tanto en literatura como también en letras musicales. Ha participado en diferentes eventos del género, bien en su municipalidad, como en otros de nivel nacional. Posee registros en el Centro Nacional de derecho de autor de su país y en el extranjero. Atesora distinciones acreditando de su trabajo en los géneros mencionados por participar con sus obras, entre los más importantes de su país, el Concurso "Adolfo Guzmán de música cubana". Ostenta la condecoración de Vanguardia Nacional del trabajo de la república de Cuba. Además, es miembro activo de la Asociación de Innovadores y racionalizadores de Cuba. Con una hoja de servicio de más de 40 años como especialista tecnológico.

Ese amigo que yo tengo…

Sheina Lee Leoni
-Uruguay-

Ese amigo que yo tengo,
el que nunca me abandona,
con esos ojos de ensueño,
y sonrisa bonachona;

como molino de viento,
cuando sacude la cola,
y me roba los secretos,
que no cuento a otras personas;

ese seguidor de "fierro"
de mirada socarrona,
con esa lengua de fuego,
cuando con amor me roza;

ese compadre es mi perro,
cómplice de cada hora;
vivo siempre en mis recuerdos,
firme luz que no se agota,

de mi alma afán eterno,
deslumbrante en la memoria,
y en mi corazón el dueño,
de un amor que no se borra,

sus poderosos destellos,
destierran penas y sombras;
con profundos sentimientos,
que cada día me asombran.

Ese amigo tan sincero,
esa flor que siempre brota,
un eterno compañero,
Ángel que firme me apoya,

y Dios conformó en un perro,
para no dejarme sola,
ese amigo que hoy venero,
y dedico cada hoja,

de este libro que, en el tiempo,
va formando nuestra historia,
cuatro patas, mucho afecto,
un camino hacia la gloria,

ese ser que tanto quiero,
mucho más que una mascota,
un eterno compañero,
que jamás me decepciona,

oir su ladrido intenso,
amarnos, ayer y ahora,
pues cada día es un comienzo,
para amigos, que se adoran.

Sheina Lee Leoni –Uruguay-. Presidenta actual de la Academia Virtual Internacional de Poesía, Arte e Filosofía – AVIPAF (BRASIL) Docente, poeta y novelista uruguaya. Activista LGBT. Nacida en Montevideo, Uruguay, he publicado numerosos libros de poesía y novelas románticas, (generalmente en Amazon) así como participado en numerosas antologías colectivas. También he obtenido diversas distinciones y premios en destacados concursos literarios en Uruguay y el extranjero, siendo socia de importantes instituciones literarias y culturales nacionales e internacionales. www.sheinalee.es

Estamos

Allen
-México-

Aquí estoy
y aquí me quiero quedar.
Entre los misterios de la luna
y los crisoles de la vida.

Aquí estás junto a mí,
bailando entre mi sonrisa,
armando los hilos de los sueños,
corriendo del destino la cortina.

Aquí estamos tú y yo
echando mano de la felicidad,
amando la belleza del ser,
jugando a sostener la libertad.

Eso es nuestra amistad,
un regalo de un viejo dios amoroso,
un presagio de nobles designios,
dos corazones y un solo latido.

María de Jesús Mora Delgado (1993). Escribe bajo el seudónimo Allen. Guadalajara, Jalisco, México. Licenciada en Letras Hispánicas por la Universidad de Guadalajara. Por algún tiempo formó parte de La exquisita ignorancia radio, en la cual hizo labor de prensa, publicando algunas notas. Actualmente es columnista de la revista Engarce en la sección deportiva llamada "De la patada"; y ha publicado algunos textos, tanto en Engarce como en otras revistas como Revista Sangría y Revista Literaria Luna.

Hace años no te veía,
solo en ti confío

ALLEN
-Guatemala-

Amigo mío hasta hoy te vuelvo a ver
Has cambiado demasiado, no lo puedo yo creer
Tengo que contarte que me enamoré
No es la primera vez, pero algo nuevo sentiré
Veo que mucho has progresado
A tu alrededor noto que tienes lo que habías soñado
El auto de tus sueños, al fondo puedo ver
Una hermosa familia y una gran mujer
A tus hijos en la escuela dejas
Los sueños si se cumplen y atrás se dejan
Me conmueve este reencuentro
La puerta de tu casa está abierta ¿si me permites entro?
Sabes que hay cosas del pasado que no olvido
Me pasan cosas en la actualidad que me recuerdan lo vivido
Pese a todo estaba tan dolido
Deambulando por ahí sentía estar perdido
Hundido en un sentimiento extraño y en verdad
Lloré hasta la desnudez de mi alma en la soledad
Hasta que apareció esa sonrisa reluciente
Me besa, me abraza, me quiere, incluso me consiente
Las cosas son mutuas y nunca del revés
Nos comportamos como niños y queremos como bebés
Juntos vivimos momentos inolvidables
No quería amar de nuevo, pero fue inevitable
Lo que vivo es tan real y no un montaje
Verla al amanecer pura y sin maquillaje
La sonrisa que ves ahora en mi rostro
Es el reflejo de esa tarde lluviosa de agosto
Cuando el frío y las brisas la arropaban
Incomodo sentí quedarme viendo como se mojaba

La invité conmigo a tomar un café
Te juro que es el momento de mi vida que más amé
Expresar emociones y sentimientos a veces es imposible
Veía lo que soñé frente mío tan tangible
Los segundos a su lado se vuelven eternos
Igual que los días cuando estamos sin vernos
La lejanía hizo que lo nuestro fuera más fuerte
La amé más cuando dijo "feliz estoy de tenerte";
El cariño que di y se desperdició
La vida por fin me lo devolvió
La emoción de mi corazón tras cada palpito sin cordura
Es natural amar con razón, pero amo con locura
Tenemos una llama ardiendo que no se apaga
Siento ser un hechicero y ella mi maga
La magia entre ambos es la más pura conexión
Entre dudas, problemas, recuerdos perdidos
encontramos la perfección
Éramos dos perdidos destinados a coincidir
El abandono y yo teníamos un contrato al cuál quise rescindir
A ese mundo llanero más no pertenezco
Al fin puedo decir que "soy feliz y me lo merezco";
Mi tesoro más preciado, mi caja de Pandora
Mis momentos grises me los decora
Ilumina mis noches, mi propia aureola
Te la presento (Sofía) ella es mi señora.

ALLEN. (1999) Guatemala. Hace 5 años sintió el deseo de escribir pensamientos y poesía. Con el paso de los años fue mejorando su escritura y seguirá haciendo lo que su corazón y mente inspirados le dicten, como también recitar poesía que se ha convertido en su más grande pasión.

Haikus de amistad fraterna

Esperanza Cuayal Chapues
-Colombia-

Amigos unidos
siempre presentes
en primavera.

Miriam es dulce,
manantial de bondad
grata presencia.

Sombras de agosto,
termina la magia,
sin tu presencia.

Silencio y gratitud
quietud del lago
Doris sonríe.

Caen las hojas,
amigos ausentes
gratos recuerdos

Sintonía total
mariposas vuelan
Juliana encanta.

Prudente camina,
admirable paciencia
¡Martha es hermosa!

Suelos fértiles
abundantes cosechas,
Papá es compañía.

Planta floreciente
todo se detiene
cantos de Hanna.

Bondad a raudales
Plantas florecen
¡Lily es grandiosa!

El verano llega
espléndidos frutos
Carolina amiga.

Prados florecen,
amistad sublime
¡los tres equiperos!

Alegría y nobleza,
vuelan las aves
Fabián es dulzura.

Cuidados tiernos
cálidas sonrisas
Hanna y su padre.

Ideales de luz
¡Harley cumple sueños!
águilas vuelan.

Siempre presente
cristalinas aguas
mamá es amiga.

Cielo azul
inmenso y sublime
Eterno Amigo.

Esperanza Cuayal Chapues. Colombia. Magíster en Educación, Especialista en Pedagogía y Docencia, Licenciada en Lengua Castellana y Literatura. Editora, Narradora, poeta y ensayista. Sus escritos han sido incluidos en Antologías de cuento, poesía y revistas a nivel nacional e Internacional. Ganadora del Concurso de Méritos Docente 2015, Ganadora del concurso literario organizado por ITA Editorial Bogotá Colombia 2020, Autora de las Novelas: Árbol Perenne Eres Tú" (UDENAR, 2012). Atardeceres de Agosto y La melodía de tu nombre. Editora de la Revista "Novedades Literarias". Hace parte del Colectivo Cultural Internacional Utopía Poética Universal, Los Poetas Más Grandes del Mundo México. Su biografía, aparece en el Libro "Personajes Ilustres del Municipio de Pupiales-Colombia".

Hasta siempre, amig@

Jj Argolla-Pañuelo
-España-

A mi mejor amigo, mi primer manager, mi hermano
ANTOÑITO

Hasta siempre, querida amig@,
Querido amigo,
Fuiste vilano, que movió,
El viento a voluntad,
Viajero, de mil destinos…

Que Nó, derrames una lágrima,
Y si acaso, esta brotase,
Sea para que, un milano,
Batiendo sus alas
Cual mundo de Osiris.

Uniendo las Almas,
Por ingente milagro,
Todo vuelva a empezar.
Quimera.

Andarín de ilusiones,
De sueños que lograr...
Que, por muchas,
Las heridas, nunca,
Dejaste de amar.

A este, aranero, mundo,
Donde con coraza
No quisiste vivir.
Quimera.

Juanjo Cibaja Peña. España, Seudónimo Artístico: Jj Argolla-Pañuelo. Link FCB: Jj Argolla-Pañuelo, Formación: Licenciado, Universidades: Granada e Internacional de Cataluña (España), miembro: Ateneo José Román de Algeciras, de la Unión Nacional Escritores de España UNEE, y de diversas Entidades Culturales, Nacionales e Internacionales. Libros: Editados, publicados en Ferias. Publicaciones en: revistas, antologías, etc, actuaciones en vivo y virtuales, de ámbito nacional e internacionales. Cantautor, Escritor-Letrista-Poeta-Pintor.

Huellas

Yoe G.
-México-

Sé que las estrellas seguirán allá arriba mirándonos
aún en polos opuestos.
Y sé que el viento seguirá cantando
para que los árboles continúen danzando.
También sé que las calles seguirán intactas
pese a tantas huellas que absorben a diario.
Tal vez nuestras pupilas han de envejecer
con el hojear del calendario.
También sé que nuestra memoria se irá diluyendo
a la par que en nuestra piel se dibujarán grietas.
Pese a ello, en mi alma quedarán impregnadas
aquellas charlas
que de noche vestían las paredes de mi habitación.
Y sé también que el hilo inquebrantable
que bordó de recuerdos nuestras almas,
no ha de quebrantarse
aun cuando los años y las distancias caigan sobre nosotros.
En el trascender de lo terrenal a lo espiritual,
te he de encontrar
para extender mis palmas como de costumbre, amiga mía,
y poder invitarte a charlar una vez más.

Yoe G. México. Inició con la escritura a la edad de 15 años. Desde el 2020 sus poemas han sido publicados por revistas digitales como: Almicidio, Marginalees, Cisne Revista Digital, Colhibrí, Poetas impropios, Acuarela Humanística (UAEM), Revista Kametsa (Perú), antología 360 Virtual Gallery. Colectivo internacional de Ecuador. En canal de Youtube The Moster Brothers. En el blog Poesía de Morras y Escritoras Mexicanas. En 2020 en la Universidad Autónoma de Hidalgo en la convocatoria 7x4, obtuvo

el primer lugar en la interpretación de un monólogo de su autoría. Aspira a continuar no solo con poesía, sino también con dramaturgia y novela.
Blog personal:
https://www.facebook.com/Yoe_G-101317694979580/

Jalea y Chocolate

Martha Robles Becerra
(s) Abril
-Perú-

Su tierna voz acaricia las fibras de mi oído como los
susurros de un saxo, extraviado en la oscuridad de alguna
habitación vacía.
Sus ojos perfilan el brillo de la inocencia
me animan a seguir surcos sinuosos en aquello que llamamos
mundo
lo llamado a ser: dispar, recalcitrante y perturbado.
Su cuerpecito me habla el lenguaje de las mariposas,
"soy la Creación de Dios", parece decirme.
Entonces, me inclino a pensar que es la criatura de dos almas
divorciadas
tantas veces su ternura me ha vuelto la fe
en los días, en el mañana, en las tardes de sol
que se acuestan en la espuma de la orilla.
Junto a Ella (tan pequeña), me oculto de los adultos
en los escondites de sus castillos surreales.
Juntas inventamos tiempo para robarle sonrisas al aire
guardaré (por siempre) su aura infantil,
en el cofre de mi tiempo
como una estampa pétrea.
La ingenuidad de su alma niña, me invita a ser cómplices y
sumergirnos en algodones, a saborear paletas en la fábrica de
Jalea y Chocolate.
Mientras dure el encanto de lo surreal,
me refugiaré en su mundo de realidades simples.
Y un poco (aislarse) de la rutina de volverse adulta.
A su lado, los demonios de mi vida, huyen.

Martha Robles Becerra. Perú. Pertenece a la especialidad de Literatura (Universidad Nacional Federico Villarreal, Perú). Al finalizar el taller "Secretos del arte narrativo" (2014) con la escritora Carmen Ollé en la Casa de la Literatura, publica Noche de guardia. Publicó los poemas "Víspera" y "Edén" en el poemario producto del taller: En un principio: Muestra de poemas del taller de poesía (2017). En el 2018, publica los cuentos "Mariposa Ceniza" en "Tiempos Modernos", "Sombras" en "Tiempos violentos: Relatos breves de violencia ordinaria" y "Constelaciones" en "El escritor y su espejo" con el sello editorial Autómata de Lima. "Olivos Moon" para la revista El bosque. En 2019, lanza por la plataforma Amazon.com su primer poemario titulado "Nobody knows my soul" y su participación en 175 relatos de escritoras latinoamericanas de la Editorial Elipsis (Colombia).
Links:
elcuartovacio.blogspot.com
https://web.facebook.com/mundobutterfly

La amé

Sujenis Carolina Urbina Ñañez
-Venezuela-

Si, la ame como a nadie,
con el clamor de su mirada
y el color de su melena color plata
con hilos negros.

En mi alma llovía la gloria,
sentir su respirar, sus pasos fuertes
con aires de gran señora.

La amé, la tuve, la vi crecer, la adoré,
su sonrisa era la mía, su enfermedad
mi agonía, su ausencia mi melancolía.

Samantha, hermosa perra de raza fila brasilero,
fue la niña de mis ojos, fue mi sol y mi luz,
mi mar y mi cielo. La lloré, la perdí, pero si,
la amé.

Entre la brisa percibo su olor,
desde el cielo me observa
no hay mejor segundo humano,
que un perro en esta tierra.

Sujenis Carolina Urbina Ñañez. Venezuela, nacida en Caracas y reside en el estado Miranda. Con 11 años de servicios en el área de la salud, actualmente en un consultorio privado. Se inició en la literatura aproximadamente hace dos años. Se la encuentra en sus redes sociales como: carolina_nanez81 en IG, Urbina Ñañez Carolina en Facebook y página de Facebook: poesía un café y tú.

La amistad

María Cristina Amengual
-Argentina-

La amistad es cariño, es confianza,
una mano tendida, un abrazo,
el aliento, la fuerza y la esperanza
que damos al amigo en sus fracasos.

Es incondicional, simple, sincera,
es dar el corazón, es dar la vida,
cuando un amigo enfermo desespera
Y no encuentra respuestas ni salidas.

Amistad, proclamemos los poetas,
no más pleitos, sembremos alegrías.
Llenemos de poemas y de letras
los hermosos senderos de la vida.

Amistad es un pacto entre las almas
que vence la tristeza y da vida,
una mano en el hombro, una mirada,
o una acción que aumente nuestra estima.

La Amistad

Pablo Manuel Leal Argeñal
(s) PALEAR
-Costa Rica-

Nódulo acorazado, razón y génesis del vínculo entrañable
del no enamorado.
Dureza y pureza del lazo coronario que despierta y abre la
sinapsis, del ser como ser y del entender por entender.
Acompañado o discretamente agrupado; se vive y se disfruta,
de la mejor ruta del sentimiento, mezcla pura del amor
materno, con el desenfreno juvenil y las hormonas puberales,
que transcienden liberales, la comprensión del ser humano y
el amor fraterno de un buen hermano. Belleza sutil y
matutina, que te inclina, te revuelca a ciencia cierta y te
despierta sin pereza, en estado de infra pureza; con certeza
que es esa, la razón y la emoción de sentar el cuerpo y
reposar la cabeza, seguro de que nada nos hará daño, por más
extraño que eso parezca, porque siempre estará ahí, en
defensa de nuestra delicada y gentil nobleza. Abrir el espacio
azul y claro, de un invierno que imita al verano; no es otra
cosa que el depositarse
muy temprano, con transparencia y mucha frecuencia, en los
regazos de quien te inspira, ternura, pasión y sentimientos de
noble criatura, virginales y apasionadamente coloquiales. Se
escucha bien y se siente mejor, se interioriza con cariño y a
veces, con mucho folklore; se pasan las horas, los ratos se
atesoran y el tiempo es nada, cuando en pareja, acompañado
o en "manada", arribo a cualquier lado y a la tranquilidad de
mi bella morada.

Pablo Manuel Leal Argeñal. Puntarenas, Costa Rica. Enfermero
de profesión. Se desempeñó en la Caja Costarricense del Seguro

Social, por espacio de 44 años. Se considera novato en el mundo de la poesía, con una trayectoria de un año. Le encanta plasmar en los escritos, sus sentimientos, tanto a la naturaleza como el proceder del ser humano. "Escribirle al amor, a la soledad, al ser como ser del ser humano; me fascina hablarle al mar, al viento, a las estrellas y a la mujer, cosa de las más bellas creaciones del universo". Refiere ser pensionado de la Seguridad Social y padre de dos espectaculares hijos, una pareja fenomenal, ambos ya profesionales.

La vaca Octavia

Angélica González Guerrero
-Chile-

Érase que se era una vez la vaca Octavia
soñaba con ser trapecista de un circo
Siempre cuando pastaba entre los pastizales
hacía equilibrio con sus patas,
Todos los grillos del campo la rodeaban
y aplaudían con mucha alegría las peripecias de Octavia,
Un día cuando estaba en eso apareció la oveja Maruja
y le pregunta: ¿Qué haces Octavia?
Sueño que soy la trapecista de un circo, por eso practico
equilibrio,
Maruja la oveja se puso a reír: wajajaja tú…
Una vaca gorda trapecista ¡!por favor!!!
Octavia la miró con cara de pena,
En eso aparece Fortunata la libélula,
Con sus lentes grandes y azules,
Mira fijamente a la oveja Maruja, y le contesta:
Por ideas como las tuyas los animales ni los humanos sueñan.
La oveja Maruja, bajó la cabeza muy avergonzada,
Luego pidió una disculpa a la vaca Octavia:
"Discúlpame Octavia, Fortunata tiene razón,
Por comentarios como los míos todos dejamos de soñar
y el mundo se vuelve cada vez más individual,
Poblado de hostilidad,
Está bien dice la vaca Fortunata,
Sigamos soñando las tres con + amor,
Si nos respetamos y nos cuidamos
¡!El mundo tiene más valor para ser mejor!!

Angélica González Guerrero. Poeta y bibliotecóloga, residente en la comuna de Rengo, sexta región, Chile. Publicaciones de libros, Imaginaciones Pública, Departamento 202, Transeúnte, Poemitas con Azúcar (poemario para niños), Camino Madriguera, Iridiscencia (2019). Cuenta con interesantes intervenciones en antologías poéticas tales como, Antología Poesía Juvenil Siglo XXI. (Año 2002), Antología Poéticas Boquitas de Cereza (Año 2009), Antología 19 autores de la Región de O'Higgins (año 2011). Antología Mujeres piernas cruzadas (2018). También tiene una amplia trayectoria en el desarrollo de talleres literarios, siendo una formadora de personas que gustan de la escritura poética. Y se ha dedicado por más de 8 años a la conducción radial, en su programa radial Entre Libros, dedicado al fomento lector.
Facebook: Angepoesia Guerrero Guerrero
Instagram: poeticaoscuridad

Las rosas de mi jardín

Julia Pasten Peñaloza
(s) Lagartija sin cola
-México-

Uno de los tesoros más valiosos
que tengo, son mis amigas
tan hermosas con un talento singular,
cada una, representa una rosa
con su belleza y su perfume sin igual.

Cuando las siete estamos juntas
me siento atrapada en un mágico jardín,
cada una de ellas da a mi vida
alegría y pintan esos momentos
compartidos de diversos matices.

Esa rosa de pétalos blancos
tan blancos como la nieve y
delicado perfume que abraza,
expresa la pureza de la hermandad,
esa linda rosa da vida a **Maguitos.**

Me gusta la rosa roja porque
su hermosa vestimenta enuncia
la pasión y el amor exuberante,
claramente percibo la esencia
de la romántica **Leticia.**

De un color tenue visualizo
la perfecta flor de corola rosa pastel,
cada pétalo suave como la seda,
refleja la amabilidad y ternura que posee
Carmen, persona sin igual.

La rosa de color violeta al verla
te enternece, el encanto de sus
pétalos inyectan magia al tocarlos,
llenando mi vida de regocijo y felicidad
y sí, esa magia la transmite **Marilú.**

Cada rosa manifiesta una preciosidad,
como la radiante rosa amarilla,
su luminiscencia brilla como el sol,
inteligente ante las adversidades del clima,
siempre fuerte y firme en ella se refleja **Ale.**

Todos los días riego con agua fresca
a las delicadas y las bellas rosas de mi jardín,
justo cuando me detengo en la rosa de color naranja,
la veo triunfante, colmada de alegría, de pasión,
de éxitos alcanzados y pienso, aquí está **Mary.**

Quizás, mi jardín no sea muy extenso,
ni sea el más bello, del universo,
pero en él se encuentran las rosas
más hermosas que han dado por muchos años
colores brillantes a mi existir.

Julia Pasten Peñaloza. (1963), CDMX. Escribe; poesía, cuentos infantiles, y relatos. En 1996 recibió una mención especial por el Gobierno del Edo. de Méx., con el cuento "La tierra esta triste". En 2021 obtuvo el segundo lugar con el poema Y…mueren las mariposas, otorgado por Alas de mariposa, Guatemala. Sus textos están en las revistas: La Tinta en Tecámac Edo. De Méx. Collhibrí en México, Lacoyol revista en la Ciudad de México. Anuket, en Argentina y en diversas Antologías en Bolivia. Es coautora de: Antología de calcetines, vampiros, sonidos y seres mágicos, Antología La tinta en voces literarias en boca de piedra y Antología Polifonías de voces literarias. Su guía espiritual es, la lagartija.

Lazos de amistad

(s) Patricia Alba
-Bolivia-

Hay amigos que se cruzan en nuestro camino,
Reverdecen, renuevan, renacen
Convivimos historias e incertidumbres,
Están presentes en nuestro recorrido
¡Qué bonito es sentir la amistad!
¡Que hermoso es sentir una mano leal!

En situaciones quejumbrosas y sin sol
Cuando resbalamos al fango,
Cuando la luz deja de brillar,
Y las sombras nos acompañan…
En nuestro mundo nublado y tácito,
Necesitamos en nuestra esencia
Lealtad, solidaridad, respeto.

Esos amigos son diamantes en el recorrido.
Son ángeles enviadas de Dios,
Comparten nuestro grito terrenal
Nuestra quimera dolorosa,
Serenan el volcán de lágrimas
Con su voz celestial.
Abrazan como pétalos de rosas el alma,
inspiran magia, resucitan el espíritu
Son agua nueva, son hierba fresca.

En cambio, los amigos que están sólo
En los buenos momentos,
Son pasajeros como el viento,
Así como el viento… se lo lleva todo
Son instantes… son quimera,
Son utopía de la vida.

Bertha Galán. Nació en la ciudad de Potosí- Bolivia con residencia en la ciudad de Santa Cruz. Licenciada en Comunicación y Lenguajes de la Escuela Normal Superior Enrique Finot de la ciudad de Santa Cruz. Post grado en: - Educación Superior Basada en Competencias. Desde la adolescencia tiene el gusto y la pasión por la escritura y la literatura. Participó en antologías nacionales e internacionales (Bolivia, Chile e Indonesia). Así mismo participó en eventos literarios internacionales, obteniendo reconocimientos.
Facebook: Bertha Galán.

Lazos del alma

Carmen Capote Díaz
-Cuba-

Entre las paredes de mi existencia
se ha conmocionado algo,
el dolor de esta batalla
se ahoga nombrándote.
Los mismos ríos,
las mismas montañas.
Evocación de palabras,
rostros, caminos iguales,
emociones compartidas,
ojos lluviosos rompiendo la calma.
Y la verdad
de lo que ayer me amaba
y yo amaba, distante.
El adiós sabía
la definición exacta del viaje.
Siempre tenderé hacia ti
cuando la alegría estalle
o la pena busque en vano
comprensión en tu mirada.
Mantener estático el tiempo
sumergirme de nuevo
en la ola cálida de tu espacio.
¡Cuánto te extraño amiga, amigo!
Los años no pusieron muros,
inútil intentarlo.
Alguna carta es tu recuerdo.
Y la distancia se calla.
Pero no, no te fuiste.
Sigues meciéndote
en las olas de mis playas,
en los rosales abiertos

que brotan de mis manos,
en el trinar de pájaros
que alegran mi canto.
Nada se perdió.
La amistad
es un amor con alas
que se posa en el corazón
haciendo su nido.
Alimentando.
Eternizando
los lazos del alma.

Carmen Capote Díaz (Cuba) Nacida en Cienfuegos en 1962. Integró el Taller Literario del Pre-Universitario donde cursó estudios. Colaboró con artículos en Revista "Renacer" de la Archidiócesis de Cienfuegos. Poema seleccionado por Ediciones Afrodita en la Convocatoria "Día de San Valentín" 2021, publicado en la antología poética "Secretos del Corazón". 3ra Mención de Honor género poesía, en el Concurso Literario Internacional de Cuento y Poesía "Horacio Quiroga" de la SADE Zona Norte 2021. 5ta Mención de Honor en el Certamen Internacional de Poesía "Palacio Francisco López Marino" (2022). Cuentos publicados en Revista Trinando (No. 37), y en "Horizonte Gris" (No.3). Poesías en Revista Literaria Internacional "Perro Negro de la Calle" (No. 68), "Amarantine Revista" (No. 1), y "Revista Visceral" (No.2). Radica en la ciudad de La Habana desde 1991.

Lazos profundos

Héctor Ricardo Saborío
-Costa Rica-

Nació en el crepúsculo de la vida
entre pasiones distintas que suspiran,
volando viajan, atrapando sueños,
para llenarse de dicha y de placeres.

Como abejas buscando el néctar de flores
se desplazan distantes, saciando necesidades,
con incertidumbre miran el ocaso que les envuelve
desafiando sentimientos que florecen cada día.

Un hondo refugio les ancla en la ternura
succionando la rica savia que les fortalece
y entre simbiosis vespertinas reposan
mancomunadas y sutiles musas voladoras.

Sobreviven fuertes entre visibles tropismos
que resplandecen con mágicos momentos
penetrando entre místicos destellos que iluminan,
abrigadas a la empatía que se vislumbra.

Arraigadas están: el amor, la confianza y la esperanza
asociadas para crear resistencia a tempestades
con inquietudes diversas nacen las ilusiones
bajo un clima de lealtad, respeto, aprecio y cariño.

Héctor Ricardo Arroyo Saborío. Nació en Orotina, Costa Rica. Reside actualmente en Alajuela (España). Licenciado en Educación y docente pensionado. Siempre motivó a sus estudiantes a la práctica de la escritura. Realizó un folleto con 40 poesías infantiles para una innovación educativa. Ha participado en grupos de escritores costarricenses y grupos de poesía mediante las redes sociales. Publicó un poema en la Antología Indonesia - Costa Rica.

Le dije a mi amigo

Olivia Justo Abarca
-México-

Se lo dije
Le dije a mi amigo
Que aquí estoy,
Para cuando logre todos sus éxitos
Esos que me contó mientras sonreía.

Se lo dije a mi amigo
Que estaré en el trayecto,
En sus caídas y sus derrotas
Para darle la mano y levantarlo,
Para volver a apoyarlo.

Le dije
Que ahí voy a estar,
Cuando se sienta a la deriva en alta mar
Cuando no tenga ganas de remar
Yo lo ayudaré a llegar.

Cuando se sienta a punto de menguar
No lo dejaré claudicar.

Le dije a mi amigo
Que cuando lo invada el frio
Seré su abrigo,
Que cuando la luna
Se ausente de sus noches
Estará mi sonrisa resplandeciendo
Para su tristeza seguir sustrayendo.

Le dije y le vuelvo a decir,
Que a él nadie lo vendrá a suplir

Que le agradezco su existir,
Es como tener una fórmula para sonreír
Cuando tengo ganas de desistir,
Pero su presencia me ayuda a seguir.

Le dije a mi amigo
Que la vida me ha premiado con tenerlo a mi lado,
Como en una tarde de verano
O en una mañana de invierno,
En cualquier estación del año,
En todo momento
Y que esto no se lo llevará el viento.

Y que si la vida da mil vueltas
Que las demos juntos,
Que nuestra amistad
Vence cualquier tempestad.

Le dije a mi amigo
Que lo quiero conmigo,
Celebrando el destino
Aconsejándonos en nuestros caminos,
Así, le dije a mi amigo.

Olivia Justo Abarca (1996). Licenciada en pedagogía, diplomado en programación neurolingüística, editora y escritora independiente. Amante de escribir poesía, principalmente escribe al amor, al desamor, al amor propio y a las tantas verdades de la vida. Publica su primer libro titulado "Mi última estrella" el 11 de mayo del 2022 como autora independiente, el cual es un poemario que tiene la intención de expandir el amor propio del lector y de hacer notar que no siempre es el final, a veces es el mejor de los comienzos, (El arte y la poesía siempre llegan a reiniciarte la vida), que se lo puede adquirir en Amazon o directamente con ella. Entre sus próximos proyectos se encuentra el poemario "Entre rosas y amapolas", el cual es dedicado al amor y al desamor (erótico – romántico). La puedes encontrar en su página de Facebook como Olivia Justo.

Los amigos siempre están aquí

Maid Corbic de Tuzla
-Bosnia-

Nunca debes alejarte de tus amigos.
Que siempre están ahí contigo siempre
Porque la felicidad es mayor cuando los tienes.
Lo que sabemos todos en la vida
Es que todo cambia fácilmente.
Y que la gente se desvanece con la edad
Pero sin duda la importancia de la vida, es tener gente
Quédate y mantente alejado de la red
No necesitamos ser rígidos y dependientes.
Porque crea el hilo embriagador y el núcleo de la vida.
Que realmente no tiene un comienzo
Pero ni siquiera su final, los amigos faltarán allí.
No subestimes a nadie, porque son humanos después de todo.
Les gusta mucho ser felices
Y no queda nada más que hacer, de nuevo
Apoyemos a todos los que nos rodean, esos maravillosos
amigos.
Nos protegen de todo mal
Creen que todo estará bien
Y que hay motivo para otro festejo
Valioso para la vida, e irremplazable

Maid Corbic de Tuzla. En su tiempo libre escribe poesía que ha sido elogiada y premiada en varias ocasiones. También ayuda desinteresadamente a quienes lo rodean, y es el moderador del WLFPH (Foro Mundial de Literatura para la Paz y la Humanidad) por la unidad y la paz mundial en Bután. También es editor del portal del First Virtual Art Universe, dirigido por Dijana Uherek Stevanović, y selector del concurso en la página del mismo nombre, que tiene como objetivo conectar a todos los poetas del mundo. También se han publicado muchos trabajos en antologías y revistas

(Chile, España, Ecuador, Bosnia y Herzegovina, San Salvador, Reino Unido, Indonesia, India, Croacia, Serbia, etc.) así como copias impresas de la antología de poemas: "Mar en la palma de tu mano", "Historias del aislamiento", "Kosovo Peony", y muchas otras. Logró con su arduo trabajo numerosos conocidos en todo el mundo, y en 2020 se proclamó poeta en el grupo Indo-Universo, que también está involucrado en la caridad en todo el mundo.

Los egos
Isabel Furini
-Argentina-

Mi ego
tu ego
y todos los egos
organizados y catalogados
en el inconsciente colectivo
realizan vuelos
medidos
por un compás
que señala
las escojas realizadas
en esta vida
(las buenas y las malas)

de repente, un ángel
murmura con ternura:
- la amistad une los egos
pues más allá del rencor
y de la humana locura
la esencia de la amistad
es agua de bautismo
- agua sagrada y pura.

Isabel Furini nació en Argentina, y se radicó en Brasil. Autora de 35 libros, entre ellos "Los cuervos de Van Gogh". Sus poemas fueron premiados en concursos de Poesía en Brasil, España y Portugal. Creó el proyecto Poetizar o Mundo. Es miembro de la AVIPAF (Academia Virtual Internacional de Poesía, Arte y Filosofía). Recibió la medalla Mujeres de las Letras y también la Orden de Figueiró, Artes y Cultura de Brasil. Embajadora de la Palabra por la Fundación César Egido Serrano (España, 2017). Sus poemas hicieron parte de exposiciones en Buenos Aires y Necochea (Argentina), y en Medellín (Colombia). Realizó un recital de Poesía en español, traducido al inglés por B. O'Dell, en la Biblioteca Pública de Burlingame, California, EE. UU., en 2018.

Lo que en fin nos ata

Nelson Roque Pereira
-Cuba-

*"Me habéis dado la sed más profunda
para mi vida futura".*
Gibrán Khalil.

Que la luz habite los granos de la mesa,
arda en la piel el resto de la semana,
y en la frente de la calle el horno
adobe el pan que comeremos mañana.
Asirse a una grieta en la búsqueda
de la simplicidad en el renglón versal,
los granizos del suelo de tanto espejo.
Saber que falta un libro por leer
para quien gasta la vida en un título
allí en la esquina entre Mann y Kayyan.

Se nos permita el oficio de escardar
con un aldabonazo el clima de los folios
aun sedientos por habitar el abrigo
bajo un cierre de paraguas,
tentar el rodillo de la harina crujiente
en el terrón, el guijarro y las piedras
de la penúltima palinodia.
Mas quedan la ceiba y el pozo,
la cerca de jiquíes como páginas
que se hinchan al burlar un día más
en los jarros donde se añeje el vino
del ofrecimiento de la cosecha,
sedientos somos lo que en fin nos ata.

Nelson Roque Pereira. (1966) Ciego de Ávila, Cuba. Poeta e investigador con publicaciones en antologías, revistas, páginas Web y el poemario "Por los cauces de la noche", España, 2020.

Mi amigo

Anahí Andrea Herrera
-Argentina-

Muchas veces te conté mis secretos,
Muchas otras lloré buscando consuelo,
También en silencio solo miré el cielo,
Sabía que comprendes mis sentimientos,
Que comprendes mis pensamientos.

Eres mi confidente,
Eres mi compañía,
Eres mi sendero,
Eres mi guía,
Eres mi amigo.

De niña siempre traviesa,
Soñé con tener muchos amigos riendo conmigo,
Sé que mi sueño quedó trunco,
Pero vos eres mi amigo eterno,
El soberano.

El creador de todas las cosas.

Anahí Andrea Herrera. Bahía Blanca- Argentina-. Lic. en Enfermería (UNS). Realizadora de Artes Visuales de la ESAV. Téc. de laboratorio y Formación Docente en Salud del Ministerio de Salud, Dirección General de Cultura y Educación. Autora de los artículos: "Filosofía de la educación y la formación de las enfermeras en Argentina", publicado en el Boletín de Historia de la Ciencia, Buenos Aires FEPAI, 37, N. 73, 2018: 3-20. "Perspectiva de género en enfermería" Publicado en el Boletín de Historia de la Ciencia, Buenos Aires FEPAI, 38, N. 76, 2019: 9-21. Libros publicados: Herrera, Anahí A. y M. Zapata, Teóricas y Práctica de Enfermería, 2019. Herrera, Anahí A., Percepciones de Enfermería, Bs. As., Ediciones FEPAI., 2020

Mi amigo fiel

Mirna Soraya Salas Díaz
-México-

Es la historia de elemento inseparable,
que comparte santo y seña de mi vida,
lo fugaz, enfadoso y deleitable,
sin clamar un punto fijo de partida.

Si lo llamo está dispuesto y siempre quiere,
a mi lado ya más nada necesita,
es tan noble que, si mi alma lo requiere,
ríe, llora ¡se suicida y resucita!

Yo lo aprecio y es mi gusto seguir juntos,
e ir narrando situaciones que acontecen,
que no suelen terminar cuando los puntos,
marcan hitos y después desaparecen.

En el día resulta dócil la escritura,
con el ánimo incipiente de la aurora,
por la tarde se transforma en partitura,
de una pieza que ¡cautiva y enamora!

Por la noche los sentidos son los amos,
de la magia que mi puño deletrea
y los sueños se deslizan por mis manos
como naves que atraviesan la marea.

Sin su aporte, estas líneas no se dieran,
ni pudiera yo decir lo que ahora digo,
si un secreto estas líneas escondieran,
callarían las confesiones de un amigo.

Puede ser que mis palabras no revelen,
la verdad que hoy ocupa mis quehaceres,
pero bien comprenderán y no desvelen,
que muy pronto entenderán estos quereres.

Una máquina no puede reemplazarlo,
ni brindar la calidez que él bien me ofrece,
mi cuaderno y borrador ya creen amarlo,
pues a un mundo de poetas pertenece.

Al planeta de las viejas tradiciones:
de la tinta y el papel en sus memorias,
que resuelve sus conflictos y ambiciones,
en retratos que reflejan sus historias.

Por difícil que parezca asimilarlo,
hoy le rindo los honores a un amigo:
¡a mi lápiz! cómo puedo yo olvidarlo,
si en las buenas y en las malas ¡va conmigo!

Mirna Soraya Salas Díaz es originaria de Torreón, Coahuila México. Profesora de Educación Primaria e integrante de la Asociación de Mujeres Poetas de la Laguna AC. Participante en antologías internacionales y una Regional, en la Revista Recolectores de Silencios de la UAEM (Universidad Autónoma del Estado de México). Autora de dos poemarios: MIS POEMAS y PREGONERA DE ROSAS. Próxima a publicar su tercer libro ya registrado: BRUMA DE ROCÍO.
Facebook, página Pregonera de rosas
Facebook Asociación de Mujeres Poetas de la Laguna, AC
Facebook Mirna Soraya Salas Díaz

Mi amigo, mi dulce amigo

Mónica Eleonora Xic López
(s) El espantapájaros
-Guatemala-

Aquel, el que me cuida desde lo alto del andén
es el mismo que desde siempre cuida mi vida
callado y con el rostro esbozado
detiene el paso del tiempo para estar a mi lado
que me lleva a su costado
y sacude mi eterna soledad con su corazón alado.

Aquel, que no condena mis delitos ni mis penas
ni corrompe mi alma de golpe
que suele pintar de colores mi mundo entristecido
y llenarme de recuerdos cuando me invade el olvido
porque al filo de un mundo arrogante
sus silencios son mejores que un lenguaje parlante.

Y aún no bebamos de la misma copa ni del mismo vino
ni su nombre se escriba a la par del mío
me cobija con sus grandes ojos de cielo estrellado
y su boca repitiendo que siempre estará a mi lado
como el gran conocedor de mi historia
y el único que entre líneas sabe tanto de mis memorias.

Aquel que con vehemencia se dice mi amigo
que me aguarda al final del camino
porque sabe que después de tanto equivocarme
le buscaré para que a mi iluso corazón lo sane
con su boca destilando miel dulce de colmena
y sus palabras enardecidas por la faena.

Porque él es esa luz brillante que derrota mis vacíos
a veces tan aberrantes, aunque sean míos
llega dócil hasta mí como un suave susurro del viento
dándole sentido a cada dolor y a cada tristeza

sin asperezas, con toda su nobleza
haciéndome caminar entre las piedras sin protestar.

Amigo, amigo mío ¡cuánto de él he aprendido!
y aunque sus pies estén cansados
caminará a mi lado siendo siempre mi abrigo
entre espinas y dolorosas caídas
con la espalda cansada y de angustias ataviada
como ese ángel que sana mis heridas.

Me dejó conocer el mundo
más allá de mi patio trasero y mi yo iracundo
me fallé yo misma y me sorprendí
porque seguía siendo mi compañía y mi rompe olas
entre lo que un día fui y lo que soy ahora.

Amigo mío espérame allá en el turquesa del cielo
entre nubes y cantos de jilgueros
que yo aún recuerdo tus pupilas tan cerca de las mías
y tu inmensurable fe de la noche al día
espérame entre las nubes y de frente a las estrellas
que a partir de esta noche yo seré una de ellas.

Porque tus palabras me enseñaron la vida entera
que no importa si he vivido en el infierno de Dante
tú siempre estarás en mi universo circundante.

Mónica Eleonora Xic López. Guatemala. Bachiller en Artes Plásticas con Especialización en Arte Gráfico Comercial. Profesora de Enseñanza Media en Pedagogía y Ciencias de la Educación. Licenciada en Pedagogía y Administración Educativa. Poeta colaboradora de la página virtual Arta Galerio Virtuala. (2019 a la fecha). Mención Honorífica en Poesía Clásica de los Juegos Florales de Santa Lucía Cotzumalguapa, Guatemala. (2019). Poeta seleccionada para la publicación del Poemario del Día del Cariño. Ediciones Afrodita, Argentina (2020). Participación en cuento corto, La Manzana Dorada. Guatemala (2021). Poeta seleccionada para la publicación del poema Primavera del Sur. Ediciones Afrodita Argentina (2021). Tallerista de Poesía. Casa del Escultor. Guatemala (2021).

Mi lobo guardián

Luis JaDo
-México-

He plasmado poemas de amor para otras mujeres
Para los seres más especiales, mis progenitores
Pero no he escrito un poema para los seres más amigables
La compañía que nunca te puede faltar, las criaturas más fieles.

Hoy, que te has marchado, me nace llorarte en estas líneas
Palabras dedicadas para todos esos perros que ya no están
Ahora, escribo para ti, mi fiel amigo de cuatro patas
No sé dónde estés, solo sé que me haces mucha falta.

Sé que te encuentras en algún lugar mejor
Tirando tu pelaje en épocas de calor
Abrigando a todo ser que te rodea en invierno
Besando a los fallecidos con tu lengüetazo fraterno
Aullando sin cesar para jugar con los ángeles
Acostado de panza sobre lo esponjoso de las nubes
Llenando de vida el cielo con tu mirada alegre
Corriendo por querer ser atrapado con tu juguete
Babeando sin cesar por mendigar ese último bocado.

Aun no puedo creer que te hayas marchado
De un momento a otro dejaste de estar a nuestro lado
Un maldito cáncer te consumió por dentro
Tan silencioso fue que no sabíamos que te estabas
despidiendo
Pasaste de ser un perro de juventud eterna
A convertirte en un perro viejo que se enferma.

Estuviste conmigo en las buenas y en las malas
Tú, que me acompañabas por las madrugadas
Cuando el insomnio me invadía,
cuando letras de mi interior salían
Y cuando el dolor internamente me afligía.

No sabes cuánto te echo de menos, mi carnal
El único ser que me recibía con alegría
Tu partida no sabía que tanto me dolería
De la familia fuiste muy querido
Sin pleno aviso dejaste nuestro mundo
Para correr por los prados del paraíso
- ¡Corre Toto! -, llena de bondad al más allá
Y recuerda que tus dueños siempre te recordaran.

No sabes cuánto te extraño, mi lobito
Veo otros caninos idénticos, pero tú siempre serás único
Pasa el tiempo y me doy cuenta de que te necesito
Pasa el tiempo y a tu recuerdo me aferro
Tu mejor amigo lo puedes encontrar en un perro
Pero lo sabrás hasta que sea el día de su entierro
¿Por qué no los valoramos? Si son los únicos que
permanecen a tu lado.
Ellos no te juzgan, solo te aman; apapáchalos, consiéntelos,
aliméntalos
Pero sobre todo dedícales tiempo porque su tiempo de vida
es corto.

El amor más fiel lo encuentras en un ser que camina
a cuatro patas
Las personas no se dan cuenta que son animales
con un par de alas
El amor más incondicional lo encuentras en un ser con la
lengua de fuera
Que a pesar de los regaños y que te vayas al trabajo siempre
te espera

Los perros se vuelven ángeles que nos esperan del otro lado
para guiarnos al cielo
y yo sé que me estas esperando para guiarme
al último paradero.
Mi lobo guardián, pronto nos veremos en el bosque de los
sueños eternos.

Espero que me recibas con un aullido cuando llegue al cielo
como cuando llegaba a casa.

Luis JaDo. Poeta mexicano en pleno crecimiento, el cual, ya ha ganado dos concursos con anterioridad en ediciones Afrodita, el concurso de "Día de San Valentín 2021" con el poema "¿Quieres ser?" y el concurso de "Primavera 2021" con el poema "Estaciones". Por el momento, él ya saco su primer poemario "Poemario de tu cuerpo" en la editorial Alebrijez, donde se puede adquirir en mercado libre y directamente con él, por medio de su página de Facebook Luis JaDo (@JaDo.Escritos), en su página podrás encontrar más de su poesía. Ha participado en dos recitales con otros escritores talentosos, con Gilraen Earfalas, Víctor Hernández y Lucia Escalante. Ha participado en ferias del libro a nivel nacional, como la del Zócalo en la Ciudad de México.

Mi pequeña Nora

Beatriz Alicia Vázquez Valencia
-México-

Toma mi mano hermana,
caminemos por este sendero.
Por siempre observando al cielo,
pero sin levantar los pies del suelo.

Pequeña Nora, tengo un costal de consejos:
- cuídate de los "bailes de máscaras", y no entregues el
corazón en ellos.
- construye lazos de paz y esperanza, dispuesta siempre a
escuchar.
- ayudar con el alma y cuidar que el corazón no deje de
respirar.

Tendré que decirte mi pequeña amiga,
que los senderos limpios no estarán;
habrá curvas, baches y piedras
pero el camino debes continuar.

Aprenderás que la vida es una promesa,
una canción de paz y de amor.
Que buscamos en el camino:
respeto, lealtad e igualdad

Porque somos "tejedoras de vida",
de mantos que cubrirán
necesidades del alma, corazón
y ausencias con dolor.

Aunque hoy tengas miedos,
el vuelo emprenderás.
Será una etapa de crecimiento,

propicia para crear.
Volemos entonces, hermana mía,
con nuestras "amigas de libertad".
Siempre amorosas y sororas, porque en nuestras alas cargamos
el futuro de la humanidad.

Beatriz Alicia Vázquez Valencia. Ciudad de México. Egresada de la Facultad de Filosofía y Letras de la Universidad Nacional Autónoma de México (UNAM). Promotora cultural, amante de la naturaleza, las artes, la gastronomía y del buen café. Entre sus participaciones y colaboraciones se encuentran: 1er Lugar en el Concurso de Poesía "Brotes y Versos" en el marco de la "163 Feria de las Flores de San Ángel"; CDMX, México 2020. Participación en las Antologías de Convocatoria Internacional: "Versos de San Valentín" y "Renacer en Primavera"; por Ediciones Afrodita, Argentina. 2021. Coautora en "Deshojar el Verso" (2021), y "Para que mi voz te cubra" (2022); Versoterapia SE, Veracruz, México.

Mis amigos

Noemí Galarraga
-Argentina-

Con letras yo pinto
La vida que transcurre
El otoño que pasa
Con el llorar de sus hojas
La piel que se transforma
El nido ya vacío
Soliloquio de dos
La historia se repite
A través de los siglos
Momentos sin valor
Riqueza invalorable
Y aquella canción
De las simples cosas.
Y cuando abandonamos a la suerte
La desolada existencia
Y en el laberinto de la vida
Dudamos por donde avanzar
Brotan los amigos cual luciérnagas
Que nos invitan a gozar
Arrancando sonrisas
Tendiendo las manos
vibrando de júbilo mocedades
Compartiendo sueños
Guardados en un viejo arcón

Noemí Galarraga. Argentina. Docente jubilada como Inspectora de Educación en la Rama Inicial. Incursiona en poesía y narrativa, interviniendo en talleres de formación literaria. Integrante de varias antologías nacionales: Instituto C. Latinoamericano de Junín,

Mercedes Sade, Campana, La Plata y Córdoba e internacionales Academia de Cultura Peruana, Miami, Estados Unidos; Academia de la Poesía de la SMGE, Toluca México y Matasejún España. Participante en Encuentros literarios en su país e Internacionales Uruguay y México. Forma parte del Grupo Folklórico Sueños Dorados de la ciudad de La Plata.

No camines más sin mi

Guadalupe Gricelda Álvarez Swarez
-México-

Al llegar el otoño,
Los amigos se han reunido,
Llevando sobre sus hombros,
Toda una vida a cuestas.
Cuantos misterios escondidos,
Y vivencias por compartir,
Que poco a poco van fluyendo,
Clamando su libertad.
Los recuerdos han brotado,
Cual gotas de nostalgia;
Y la melancolía aviva el alma,
De un pasado dulce y bello.
Aquella primavera de abril,
Veranos de total gozo,
Y aquellos inviernos que, de mil maneras,
Lograron forjaron su carácter,
Sin perder su esencia,
Y mucho menos, endurecer su corazón.
El tiempo ha pasado, más no el olvido,
De aquellos años mozos,
De valentía y juventud rebosante;
Donde el recuerdo algunas veces vago,
Resurge a cada instante
Sin tropiezo ni algarabía.
Bendita memoria, que, rescatando historias,
Se pone a prueba en el día a día,
Dando luz al intelecto
Y avivando el corazón.
El otoño ha llegado y con él,
La primavera ha resurgido,
Cual sol que se posa,

Sobre cada uno de ellos.
Bendecidos por un reencuentro,
Dando calor a su existir.
Continuar el viaje junto,
Llenara nuestros días de placidez.
No camines más sin mí,
Que el invierno se aproxima;
Tu candor me arropara,
Ayudándome a sobrevivir.
Muéstrame tu mundo,
No temas ser vulnerable,
Que el corazón que amado se sabe,
Respetado también lo es.
Entrelacemos tus historias y
Emociones con las mías,
Para celosamente guardarlas,
En el libro de nuestra vida.

Guadalupe Gricelda Álvarez Swarez. México. Médico con especialidad en pediatría. Le encanta escribir desde su adolescencia. Cuenta con la intención de publicar su primer libro con sus escritos inéditos. Tuvo la oportunidad de formar parte de una antología poética lanzada por Ediciones Afrodita con su poema "Memorias calcinadas".

No es más, ni menos

Paola Stefhany Rodríguez
-Honduras-

No es más amigo ni más amor este o aquel,
si no el que te regala vida,
el que te hace vibrar con sonrisas,
con alegría, con magia.
El que hace que la vida valga la pena
y te ayuda a ver la sinfonía y el oleaje del mundo desde otra
perspectiva.

Ni es menos amigo, ni menos amor
aquel que se aleja, que cambia de rumbo
o elige otro tren, ya sea por el gusto o por la necesidad de ser
más él o ella, o los dos.
O porque simplemente su trayecto, su momento o su espacio
a llegado con fecha de caducidad.

No es más ni menos amigo o amor
Todos aquellos que pasan, pasaron y pasarán por nuestras
vidas, dejándonos como regalo la experiencia,
los recuerdos y la vida.

No te conoce

Sergio Montalvo Mareca
-España-

Quien nunca desoyó un consejo
no te conoce.
Tampoco quien jamás lo dejó todo por escucharte.

Si puede nombrarte sin rozarse el corazón,
no te conoce,
pues allí habitas, hablas y ríes.

A ti, fuego eterno que no quemas;
no te conoce,
la amistad no entiende de sombras ni de brumas.

Quien es capaz de separar "yo" de "nosotros"
no te conoce.
El corazón no suele dar explicaciones.

Si la distancia lo detiene,
no te conoce,
el alma sobrevuela las fronteras de los hombres.

No te conoce, amistad, no te conoce;
acurrúcate hoy conmigo,
que no miente quien te siente.

Sergio Montalvo Mareca (1994). Madrid. Profesor ayudante en la Universidad Complutense de Madrid. Especialista en literatura española del Siglo de Oro. Sus trabajos se centran en el teatro de Lope de Vega y en el diálogo renacentista y barroco. Autor de diferentes artículos y publicaciones académicas sobre los temas descritos, así como de otras materias (poesía española contemporánea o el análisis del papel de la mujer en la literatura, entre otras). Ha participado como poeta en diferentes antologías poéticas, tanto nacionales como internacionales, y es autor de numerosas reseñas literarias.

Nuestra Amistad Sincera

Isadora Borrás Buenrostro
(s) Siente mi poesía
-España-

Amor puro y profundo
Nuestra Amistad Sincera
Allá en el firmamento,
brillantes las estrellas
El perro viejo ríe
El pájaro alto vuela,
como vuelan nuestras almas
Horizontes de grandeza
Y ahora coge mi mano
Transmisión de fortaleza
Es cálido tu abrazo,
curará todas mis penas
Jugando como niños
que mil historias cuentan
Ya nunca envejecemos
Nuestra Amistad Sincera
Así que no me dejes
Te quiero siempre cerca
Nuestra Amistad Sincera,
Por siempre permanezca.

Isadora Borrás Buenrostro "Siente mi poesía". España. Escribe poesía, prosa poética y relato breve desde la adolescencia. Publica sus audiopoemas y audiorelatos en tres plataformas digitales:
YouTube:
https://www.youtube.com/channel/UC_Ne_7DPRap_wSjvN3TSV YA
iVoox: https://www.ivoox.com/podcast-de-mi-puno-letra_sq_f11317202_1.html

Spotify:
https://open.spotify.com/show/3mAGIs4X821vDyRUCjUhUe
y demás contenidos en su fan page:
https://www.facebook.com/sientemipoesia
Recientemente sus audios han sido publicados en las revistas latinoamericanas: Trinando, Cisne Revista Digital, Elipsis-blog literario y el canal colombiano de YouTube Rincón Poético. Y ha sido entrevistada en el programa Camino al Mictlán en la radio mexicana Guanatozfm.

Nuestras palabras de amistad
Dušan Stojković
-Serbia-

Luz.
Pureza e inocencia.
Paz.
El cielo.
Imaginación e inspiración.
Honestidad.
Púrpura.
Lujuria e intimidad.
Magnificencia.

Primavera.
Esperanza y sensibilidad.
Descuido.
Sol.
Felicidad y alegría.
Calor.

Naranja.
Dulzura y encanto.
Seguridad.
Fuego.
Pasión y poder.
Amor.
Noche.
Profundidad y estabilidad.
Eternidad.

Dušan Stojković. Serbia. Fundador y miembro de la presidencia de la Asociación MUK (Jóvenes Artistas de la Cultura), es miembro de la Asociación de Almas Artísticas Libres (USUD 016), de la Asociación BUKA y de la Asociación Internacional de Escritores y Artistas "Gorski vidici"

Ofrenda de amor

Claudia Flores Espinosa
-México-

*Para el primer poeta que conocí
mi mejor amigo de la prepa; Andrés
In memoriam*

Para él, un ángel en mi vida
que me prestaba libros
con preguntas de cometas
y le hablaba a las estrellas
y hoy me habla con las nubes.
Para él; mi amigo
AMIGO de entre amigos
centinela de mis años invisibles
del que lloré por esos días
de silencio irreversible, por esa luz
con la que escribo al vuelo
y pido por las almas que descendieron
sedientas de consuelo
amigos llanos: no les neguemos el cielo.
Para él; un ángel de papel y tinta
en este silabario envuelto
al centro de mi canto a verso abierto
del cielo corto esta minuta
y la pongo entre sus manos
como flor de pensamiento
como llaga diminuta.
Para él, mi flor de pensamiento
ojos que por primera vez amé
permanecerá en mi voz despierto.
Para mi amigo el mejor de los poetas
el que hallaba en mis libretas
un trozo de luz para poder correr.

Claudia Flores Espinosa (1990) México. Docente, mística y escritora mexicana radicada en Querétaro. Mujer de corazón orante y verso crístico. Dama introvertida y persona altamente sensible. Amiga de un ángel: Andrés Bribiesca de la Cruz.

Parten los amigos

Jair Antonio Hernández Quintero
-Colombia-

Van partiendo los amigos
Como parten las mañanas
Silenciosas y calladas,
Como se van las noches
Entre nubes y sombras,
Se van también los otoños
Con su hojarasca seca.
Parten los inviernos fríos
Con su blanca escarcha
Y sus lágrimas de nieve.
Se va el azul del cielo
Se lleva sus nubes blancas
Las cristalinas fuentes
Con sus verdes aguas;
Los amores encendidos
Se los lleva el viento.
Vivimos unos cuantos soles
Unas pocas lunas nuevas...
Se van las palabras verdes,
Es variable el tiempo
Que nos va alejando
De lo que hemos querido...
Unos silencios nuevos
Con las rosas más extrañas
Para recordar a los amigos
Que parten poco a poco...
Se van con sus recuerdos
Pegados en el alma
Con rumbo a las estrellas
Abrazados con el viento
Cuando ya la tarde llora.

El sol que lento expira
Y muere en el poniente
Con sus sangrientas galas
De tristezas y dolores.
Un día parten para siempre
Dejando sus nostalgias
Sus pasadas alegrías
Las lluvias, las tormentas
Los bosques en estío
Las eternas primaveras...
Y en el jardín del cielo
Una tristeza larga
En silencio llora y canta
Por los que han partido
Con el viejo crepúsculo
O en la mañana nueva
Cuando el alba asoma.
Y en los ojos una lágrima
Por los que se han ido.
¡...Por los eternos amigos...!

Jair Antonio Hernández Quintero. Río de Oro, departamento del Cesar, Colombia. Abogado especializado en derecho público, egresado de la Universidad. Autónoma de Colombia, Bogotá, alcalde y concejal de su pueblo. Colabora con varias páginas poéticas vía red social Facebook, con poemas publicados en varias revistas nacionales y del exterior.

Paseo de aquellos días

Jesús Zarazúa Rangel
-México-

Corrimos todas las tardes
cada uno, cada cual distinto
y distintas fueron las bicicletas
unas rojas, otras negras y otras
otras, sin color
con llantas grandes, delgadas y chicas
con frenos y sin ellos
recorrimos calles veredas
y la infancia.

Salimos cada tarde
al llamado de un chiflido
—¡allí están tus amigos! —decía mi madre
y salí corriendo
a veces sin comer, otras no
a veces enfermo, otras no
siempre sonriente, feliz de verlos.

Empezamos la rodada
en esa calle de piedra
gritamos, soñamos y sonamos la campanilla
nos movimos de un lado para otro
echamos carreras y nadie perdió.

Todos sonreímos
algunos días fuimos vaqueros
otros, todas las bicicletas fueron el ferrocarril
otras veces, fuimos soldados
unas más exploradores y, en fin, fuimos todo
pero siempre somos amigos.

¡Qué se pinchó una llanta!
Nos regresamos caminando
¡Qué se cayó éste!
Todos lo levantamos y ayudamos
¡Qué se descompuso! ¡Qué no sé qué!
Todos metimos mano para volver
porque es grande la amistad.

¡Qué vamos para allá!
Por el río, por la montaña
veredas y caminos
unos existían y otros, los hicimos
unos por la mañana y otros
al caer el sol día tras día
hasta que se recargaron
las bicicletas en esa pared
a la espera de estos niños
con ganas de pasear
por la amistad que aún vive.

Jesús Zarazúa Rangel. San José Iturbide, Guanajuato. México. Profesor y escritor. Ha participado en diferentes, antologías, ha sido compilador de cuentos (derivados de los talleres que da en diversas escuelas de los distintos niveles educativos).

Raíces

Patricia González
-México-

Me gustan todas las soledades menos la mía,
me gusta pasarla en tu compañía.
Éste tiempo no tiene cura,
seguirá siempre en la escalera hacia la vida.
¿Me preguntas si esa es la enfermedad de la adultez?
El tiempo puede ser la cura o puede ser la enfermedad...
¿Cómo éste tiempo que parece de las dos es mío?

Me gustan todos los cantos, menos el mío,
me da la sensación de ser un pájaro
de esos que encierran por placer.
¿Me preguntas si esa es la forma de conservar las cosas?
Hay tanta belleza en tus palabras que no tendrían por qué ser
prisioneras de nada.
Ni tú tampoco.

Me gusta el aroma del café por la mañana
Y sé que a ti también...
¿La sensación de la calma, del beso, del picor de las palabras
en la lengua
que nacen con el primer sorbo?
Esas cosas las siento también,
siento las calles de las gentes, que también soy yo,
con una prisa que no es la mía,
de los niños limpios que no son míos,
de los niños dormidos que se sientan a soñar en ser adultos.

Me gustan todas esas cosas que no son yo,
todo ese tiempo que no soy yo,
pero esos libros sí, que somos nosotras,

de sueños solitarios, de naufragios en música o platicas.
Todo ese tiempo que no soy yo,
ese que te gusta a ti. Me sonrojas.

Ese tiempo de tus chistes contigo que suenan a mí,
de mis apenamientos tuyos, sin estar tú.
Tiempo de juegos, llamadas, complicidades...
Somos dos árboles entrelazados de sus raíces, plantados en
distinto tiempo.

Norma Patricia González Castellanos. Originaria de Zapopan, Jalisco, México. Estudió letras hispánicas en la Universidad de Guadalajara. Ha colaborado con cuentos de corte sobrenatural en revistas físicas y digitales como Rigor Mortis, Puerta escarlata, Iguales Revista y Mexa escritores independientes. Colaboró en la antología Flores que solo abren de noche, editado por la tinta del silencio, con la minificción "La cruz del vampiro" en 2021. Actualmente trabaja como redactora web y editora independiente.

Reconexión

Magdalena Velasco Mendoza
(s) Migdal Madu
-Colombia-

Hoy me levanto entre pasos de liebres y caracoles
Mis ojos ahogados por la tartamudez de mi ser
la soledad también está quebrada por mis tinieblas.
Tomo mi celular escribo un par de palabras a María
Hace días calendario que nos desvanecimos….
A las 5:00pm en el mismo lugar, nos citamos.

En la misma silla nos contemplamos,
desatamos los nudos tejidos en los atardeceres
Ella con un café, yo con una aromática
Mojamos las palabras para que puedan deslizarse
por la garganta
Están rasposas, secas y nos hacen parir lágrimas
Nuestras palabras juegan cartas, saltan, ríen
Se limpian las heridas.

En medio de la conversación se abren las manos
Y toman vuelo aquellos pájaros atascados
Las larvas del dolor se hacen la metamorfosis.
En este encuentro de almas enmohecidas
Son kilómetros y espacio, pero la esencia se conserva
Somos viajeras que pactamos parar en una estación
Y recargar con burbujas de ensueño el abrazo
Que impulsa nuestro vuelo…

Magdalena Velasco Mendoza. Escribe con su seudónimo Migdal Madu. Ciudad de origen en: Pamplona Norte de Santander. Abogada defensora de derechos humanos, licenciada en educación básica con énfasis en humanidades y lengua castellana, se desempeña como docente, y asesorías en derechos humanos en la corporación semillas de pandora, escritora de historias y poesía. Sus poemas han sido publicados sido publicados en diversas antologías, revistas y páginas virtuales. Alguna de ellas puesto de combate, seleccionada Antología Relata 2015, Voces de norte de Santander, exposición de arte Erótico con Erohaiku, miradas diversas norte de Santander, meritoria salón de agua 2016, lanzo su primer poemario Ruleta de sombras en el año 2016.cordinadora Segovia parlamento de escritores Cartagena y la costa. año 2020. Hizo parte de la antología Cada grieta en el cuerpo, mujeres poetas de Norte de Santander.

Reencuentro

Norma Minniti
-Argentina-

Cuarenta años después
esa juventud fresca e impetuosa
se erige por sobre el tiempo:
los momentos compinches,
la fraternal camaradería,
vuelven con el recuerdo
a los momentos que nos hicieron felices.
y, como cuando estábamos en las aulas,
es bullicio de añoranza,
es parloteo entre risas
y la memoria es presencia
que reafirma los lazos
en el alegrarse por los logros,
en el conmoverse por las penas.
Cuarenta años después,
cuando los huesos se tuercen,
descubrís que hay una estructura,
sólido amalgama,
cimiento fuerte:
las redes de la amistad,
forma excelsa del amor,
que te dejan descansar
en el cariño y en la confianza,
en la seguridad que, del otro lado,
hay brazos que saben arrobar
y en la templanza de nuestras canas
con los oídos atentos a la escucha.

Retratos sin color

Gloria de la Soledad López Perera
-España-

Palabras de amor
surgieron de tus labios.
Eras mi amigo, mi compañero.
pero no mi amor tantas veces imaginado.

Sé que te rompí el alma
cuando un NO surgió de mis labios.
Pero tuve que ser real
y con tus sentimientos no quise jugar.

Cuantas lágrimas derramé aquel día
que perdí a mi amigo, a mi compañero.

Mi negación solo obtuvo tu rechazo
y nuestra gran amistad
en ese mismo momento murió.

Nunca más nos hablamos,
ni siquiera nos miramos.
De mi vida te alejaste y
nunca más regresaste.

Pero a pesar de tu repulsa
hacía mi persona,
hoy te sigo recordando.

Y te tengo presente al leer nuestros poemas,
o al escuchar nuestras viejas canciones en la radio.

Pero, sobre todo,
cuando miro con nostalgia nuestras fotos,

ya ajadas y sin color.
Todavía hoy no entiendo
como un simple NO,
logró separarnos para siempre.

Gloria de la Soledad López Perera. Nace en Santa Cruz de Tenerife, (Tenerife-Islas Canarias-España), donde reside actualmente con su familia. Es miembro de la Asociación Cultural de Escritores de Canarias (ACTE) y del colectivo Literario Internacional Arando Letras de México en Tenerife. Atraída por el mundo de las letras desde muy pequeña es a partir del año 2015, con la publicación de su primera novela titulada LA LEVA DEL PODER, cuando se implica activamente en el trabajo literario. Muchos de sus microrrelatos, relatos, cuentos, poemas, nanorrelatos, siglemas, han sido seleccionados para formar parte de diversas antologías literarias, a nivel nacional e internacional, obteniendo además premios y menciones especiales en gran cantidad de ellos. También colabora con diversas revistas literarias y periódicos digitales a nivel nacional e internacional.

Salud Bautista

Ernesto Salamandra
-México-

A Emmanuel Bautista

Hoy sirvo una copa para ti,
licor de aquella extraña bodega.
Sabiendo que no estás aquí
brindo por ti querido colega.

Irresponsabilidades que nos competen
serán cometidas por extraños.
Dejemos que se ocupen
mientras nosotros descansamos.

Las historias que deberíamos contar
se cubrirán de tierra seca,
quizás las debamos guardar
hasta que la hierba vuelva.

En la calle llueve y el petricor
penetra el ambiente,
hoy te recuerdo fumando
y con los sueños de frente.

Ernesto Salamandra. México. Observador del carnaval humano, bebedor de espíritus. Gusta de jugar cartas con los espectros y es fiel amante de la palingenesia. Escribe para asegurarse que existe, ya antes fue un recuerdo y sólo pretende dejar una huella, como la que deja la baba del caracol cargando su casa a cuestas.

Salvadores de mi secreto

Cristina Itzel González Torres
(s) Itzel Torres
-México-

Muerta en vida estaba,
mi cuerpo en cenizas solo yacía,
las aves y el infierno me pisoteaban,
los sueños tontos y mi entusiasmo agonizaba.

Cuántos meses sin gloria quedó mi alma,
Cuántos días mi sonrisa cautiva estaba,
Cuántas noches en la muerte pensaba,
y cuántas personas todos los días me humillaban.

Días reales, días fatales;
Mis malas decisiones flagelaste,
Las malas amistades en mi mente guardaste
con piscas de odio innecesario como castañales.

Manos sucias, mentes secadoras,
cada una rasgando mi carisma,
otras enredando mis secretos,
asfixiando mi consuelo.

Triste por el campo,
llorando desolada,
unas cuantas manos desangradas
a mi alma atraparon como pez en el agua.

Desconcertada mi alma,
espantada por el sufrimiento,
desconfiada analizaba
a los salvadores de mi secreto.

Amiga incomparable,
leal a mí fuiste,
en mi mudez confiaste y como
xilografía en mi corazón te quedaste,
abrazando mi sombra y convirtiéndola en destello.

Joven triunfador,
orgulloso de ti,
sobre el pasado jamás hablé.
Esos mis amigos las risas en mi boca amenizaron,
felices siempre, creando una cocida historia.

La soledad de mi pasado,
El engaño derramado,
Íntimo recuerdo,
derrotado sin consuelo,
yacente ahora como una roca con perdón añorado.

En muerte me acompañaron,
reíamos cómo niños.
Insignificantes las diferencias,
cantando como en
kermes, danzando con los pies.

Unos cuantos nombres más por recordar,
otros más por callar,
pues el tiempo como en la arena
a ellos ha de cambiar.

Buenos deseos,
pasados consejeros,
el recuerdo de aquella fraternidad
en el corazón por la eternidad hemos de guardar.

Cristina Itzel González Torres México. También conocida por su seudónimo de escritora y poetisa "Itzel Torres". Ha publicado tres de sus cuentos dentro de la revista digital Cósmica Fanzine: "Atrapado en el tiempo", "La última mirada" y "Miradas por el tiempo". Al igual que cuatro de sus poemas: "Mariposa muerta" (Antología "Renacer en primavera", Ediciones Afrodita, Amazon), "Cuatro amores" (Antología "Boundless 2022", Amazon), "Hombre de cambio" (Campaña "Alas de mariposa") y "El día que conozcamos la nieve" (Revista digital "Margen de Luz"). Recientemente he publicado su cuento "Las montañas están vivas" en la Antología "Cuentos infantiles sin fronteras", disponible en la librería internacional en línea Elkar. Redes sociales: Facebook: Cristi Tgr Instagram: itzelgo90

Secar el leteo
Leonardo Sandoval Márquez
-México-

A los amigos hechos durante los años universitarios

Recobrad, oh espíritus la memoria ya perdida,
aquella do las Letras alumbraron nuestros ojos
y allí fueron cual casa al estandarte glamuroso
que en el pecho brotaba de aquella nueva vida.

Quiso el Destino entrelazar senderos con azares,
olvidar el campo viejo de anterior existencia
para librarnos de la ya antigua penitencia
y ser del corazón incompresible mensaje.

Aramos el campo y sembramos allí la risa
entre alquitrán, la música y el sueño compartido
y en pirámide besaron las manos los higos
a paso del crepúsculo, sobre visión divina.

Y ciñó el laurel su luz en nuestra aura
al ver de inicio a fin la unión en un mismo camino,
al cumplir promesa que ayer expresó el Destino:
"¡Serán hijos de aquella ciudad enamorada!"

Dispersos espíritus ¿ya escuchan las trompetas?
es el llamado a renacer en nuestra parusía
¿acaso ya el Tiempo en su paciencia lo asumía?
juntos, como antes, alzaremos las saetas.

Leonardo Sandoval Márquez. México. Egresado de la Licenciatura en Letras por la Universidad Autónoma de Zacatecas. Ha sido ganador de la quincuagésima cuarta edición de los Juegos florales "Nezahualcóyotl" en el área de prosa poética (2019). Sus poemas han sido publicados por las revistas "Mitote" de Editorial Granuja (2020) y "Redoma"; de la Unidad Académica de Letras por la Universidad Autónoma de Zacatecas (2021), también ha colaborado en las antologías "Secretos del corazón"; y "Renacer en Primavera", ambas de Ediciones Afrodita (2021) y en la edición "Vientos de otoño" de La revista inexistente (2021).

Semillas de amistad
Esmeralda Méndez Gutiérrez
-Costa Rica-

Danzarinas partículas caen
del pico de un ave del paraíso.
¿Caída accidental o coincidencia?
Se esparcen con precisión exacta en tierra fértil.
Crecen, erguidas y fuertes.
Miran siempre hacia el sol,
y elevan sus hojas,
cual saludo a la vida.

En sus tallos se mecen esperanzas,
y se refrescan las ramas,
con la fusión de risas y llantos.

Enredaderas de egos acechan,
el marco de la confianza.
Abanicos gigantes gritan para
doblegar tallos amigos.
Pero estos se abrazan,
protegen la cosecha de amistad.

Nadie puede romper la terquedad
de hazañas conjuntas,
selladas con los broches del destino.

La amistad se agacha despacito,
mira su suelo enraizado,
donde emerge el origen de todo.
Donde la cobija seca y húmeda,
huele a paz.
Se respira el olor de la tierra abonada.

Várices enterradas como estacas al sustrato,

sostienen los rencos sueños remojados en sus pies.
Y es así, como una hoja sostiene a otra.
Un tallo se une a otros para levantar
el peso que se reparte y comparte.

La amistad no muere con los rumores
que cabalgan sobre el potro medieval,
donde se desprenden extremidades
de fugaces nexos.

Tampoco la distancia asesina,
logra disipar su esencia.

El velo teñido de celos,
no cubre el rostro de los brotes
abonados con sinceridad.

Las semillas de amistad,
siempre caen en tierra fértil
con exacta precisión.

Y casi siempre se llaman ….

¡Deyaniras!

Esmeralda Méndez Gutiérrez. Costarrica. Abogada, poeta y declamadora. Ha participado en recitales virtuales y presenciales a nivel nacional. Participó en el Tercer Encuentro Internacional de Escritores y Poetas organizado por Puentes de Virtuales con Amor y Paz, realizado en Villa Carlos Paz, Argentina (2021). Coordina el segmento "Chispas en Tierra Tica" de Chispazos Literarios de Argentina. Ha publicado diversos poemas en la revista Desafíos Chíspicos. Ha participado en diversos espacios de Ferias Virtuales de Libros, entre ellas la de Centroamérica, Perú, Chile, África e Italia. (2021-2022) Participó en la Antología Poética Cultural Indonesia-Costa Rica de la Fundación Asih Sasami-Indonesia dirigida por Rini Valentina en Indonesia y Gabriela Toruño Soto en Costa Rica (2021-2022).

Señorito enfermizo

Mel CC Alarcón
-Perú-

Hombre de baja batería.
Calladito. Suave. Receptivo.
Me vas a dar una taquicardia
el día que te apagues de verdad.
La noche que dijiste que te morías
llore hasta dormirme.
Ahora eres Señorito enfermizo,
¿Pero que viene entonces?
Primero Conde de los Glóbulos blancos
De allí Príncipe Febril
Luego Rey del Desmayo
Finalmente, Emperador Crónico.
Si nunca se te pasará
Me quedaré sentada a tu lado.
No me importa mucho
si es que es contagioso.
Te echo una carrera
A la fosa común.

Mel CC Alarcón. (1998) Lima –Perú. Desde los 10 años vive en Noruega, y está en el día de hoy trabajando con su maestría de estudios latinoamericanos en la Universidad de Bergen. Se le puede encontrar en Instagram bajo el alias de mccaart. Muchos más de sus poemas y cuentos en español pueden ser encontrados en la revista digital Codex ulpurista (codexsulpurista en Instagram) donde colabora regularmente. Su estilo ha sido descrito por sus compañeros literSarios como perteneciendo al intimismo y el azufrismo, y a menudo lidiando con temas de situaciones comunes pero incómodas.

Siempre el mismo día

Darwin Cruz Amador
(s) Evan´s Darwin
-Nicaragua-

Un día bajé del autobús
y ya no te volví a ver;
tus pasos no descendieron después de los míos.
Un día corrí sobre la pista del campo
y ya no miré el compás de tus brazos
o el anhelo de tus ojos por llegar a la meta.
Un día caminé sobre la arena de la playa
y ya no pude escuchar el siseo de tus labios
ante el galope de las olas por llegar a la orilla
o ante el impaciente crepitar
de la fogata por alcanzar la combustión completa.
Un día busqué tu voz en otras voces
como si fuesen residuos de cenizas,
pero la gente confunde cortesía con cortejo
y eso mata cualquier intento de interacción social.
Un día el corazón dejó de creer en los lazos de hermandad
porque el amor se subasta como metal precioso
en la mortalidad de una alma irascible o tan solo
concupiscente;
un día la piel dejó de acariciar las líneas en las palmas
de las manos
porque en la inmediatez la sociedad
lo idealiza con el romance empedernido;
un día el lápiz dejó de escribir y entregar una carta
porque la intención le reclama como una damisela en celos;
un día dos cuerpos celestes dejaron de asistir a la misma cita
porque se volvieron polvos estelares ante la carencia absoluta
de todo ser, o quizás hasta el último ocaso
de la próxima vida.
Todo cambia,
pero siempre es el mismo día.

Darwin Cruz Amador. Originario de Siuna, Nicaragua. Encargado de cátedra e investigador académico de la Universidad Nacional de Ingeniería (UNI). Egresado de la segunda generación de Laboratorio de Novela de Nicaragua. Bajo el seudónimo "Evan´s Darwin" es coautor de la décima edición del libro "Autor" publicado por la editorial española "Hago cosas"; coautor de la primera y segunda edición "Relatos de una pandemia inesperada" publicado por la editorial mexicana "Caza de versos"; y coautor del libro "Renacer en primavera: Antología poética" publicado por la editorial argentina Ediciones Afrodita. Actualmente es miembro activo del área "Literatura y Poesía" del Movimiento Cultural Presagio.

Siete letras

Julia Meso Ramírez
-Argentina-

Alguna vez se respira un aire diferente,
raro…
Algo fluye y se transmuta
así como la germinación más insólita…
De la nada aparecen los primeros brotes
tímidos, perezosos,
y como la más frágil plantita
se desperezan en pos de la evolución.

La planta comienza a recargar energía,
su crecimiento abraza emociones únicas
acunando un sinfín de fantasías,
y de magia.

Los vínculos se entrecruzan
en divertidas rondas de colores
O se transforman en un aliado ejército
el de los bravíos gladiadores de la comprensión.

Las penas sucumben ante cualquier enemigo:
gracias a los lazos fraternales,
que crean resistencia a todas las inclemencias…
El sentimiento se afianza.
La astucia del idioma, hilvanando su sonido,
propone siete letras así,
mágicamente se crea la palabra amistad.

Julia Meso Ramírez. Escritora de la Patagonia Argentina, ciudad de Centenario provincia de Neuquén. Cuatro libros publicados, entre ellos una novela corta, también participo en varias antologías, concursos nacionales e internacionales, y dos veces participo de la feria del libro internacional de Bs. As. en la rural. Es perito auxiliar en relaciones humanas, profesora de dibujo, psicóloga social.

Sincera amistad

Ricardo Pérez da Costa
-Uruguay-

Cosecha larga y tendida
en la vida tan intensa,
es tesoro que ilumina
amistad pura y sincera.
En las noches de tormenta
es el faro centinela,
cuando aprieta la nostalgia
bálsamo de calmas quietas.
Abiertas las fieles manos
salmos del alma confiesan,
confidentes del secreto,
amistad, canto y nobleza.

En la vida tan intensa,
amistad pura y sincera
es el faro centinela.
Bálsamo de calmas quietas
salmos del alma confiesan,
amistad, canto y nobleza.

Ricardo Pérez da Costa. (1995) nació en Rocha, Uruguay. Reside en la costa de Arachania. Desde el año 2010 participa en varios talleres literarios. Publicó "Albores en cuento y poesía" en el año 2013. "Reflejos del silencio" en el 2016 (poesía, que en 2017 recibió el primer premio AEDI a libro édito). "Dozante Arromanzado" en el año 2018 (poesía). "Mar afuera y campo adentro" año 2020(cuentos). "Atrapasueños del alba" año 2022 (poesía). Ha obtenido premios literarios en Uruguay, Argentina, Brasil, Chile, y España. Participó en varios encuentros literarios en su país y el exterior Es el creador de la nueva forma poética, Dozante Arromanzado.

Socio

Alejandro Pes Casado
-España-

El Sucio Socio se sació
De lo que Alguien le diera
Sin ver el Modo o Manera
En que decirle que No.

Aquel que Todo Perdió
De lo que Alguien Perdiera
Sin ver que en la Billetera
Siempre Llevas al Buen Dios.

Si Algo te Pareció
De lo que Alguien Pareciera
No Seré Yo Quien Perezca
Para decirte que No.

Un Amigo de Verdad
No te Mete en Problemas,
Nunca Te Obliga que Bebas,
Ni Te Drogues, La Ocasión...

El Amigo de Verdad
Sabe Estar Bien A Tu Lado,
Te Aprecia Como Un Hermano,
Nada Espera, En Realidad.

Alex Pes Casado. (1974). Figueres, Gerona, España. Desde temprana edad estuvo aficionado a la lectura y a la escritura. "A la boca de un pez" (2006), es su primera obra publicada. En la actualidad tiene tres libros en la Web Bubok, editados en formato on-line. Estas Obras son: "A la boca de un pez" (Poemas, 2007), "El "Cadàver Exquisit" y "Pasos Hacia la Luz".

Te receto

Sedmiel Azgad Durón Martínez
(s) Azgad Durón
-México-

Te receto: tiempo, desatención y desvelos,
con llanto incontenido unas
dos o tres veces por semana…
También, permitirte gritos y sollozos
de silencio ambivalentes con autorreproches,
pero sin responsabilizarte del todo por lo sucedido
o aquello que, simplemente nunca pasó,
pero anhelabas con ansias a que
en algún instante de tu vida se presentara;
para que evites entonces:
turbar la tranquilidad de tus ganas
con pensamientos de muerte,
mientras transcurren las horas heladas
que te acaricien la espalda en las madrugadas…
¡Te receto eso!, porque sin duda alguna será necesario.
Pero también… también, te sugiero
¡ingerir varias dosis de risas al día!;
por lo menos una cada seis horas,
durante algunas semanas;
así como la llamada o salida sincera
con alguien que realmente procure por ti…
¡Te receto introyección, sin ensimismarte!;
¡Culpabilidad!, sin victimizarte;
y sobre todo… Sobre todo:
¡Te receto decisión!,
para responsabilizarte del mal que
en éste instante te aqueja y se llama: duelo…
Pues, ¡ésa será la única salida de tu enfermedad!…
Y déjame decirte que, lo mejor de todo

es que, para conseguir el medicamento de la receta en curso,
no ocuparás gastar una fortuna
en alguna farmacia
de la ciudad.
¡Sino tan sólo!, invertir el tiempo suficiente
para que se recupere del todo tu cuerpo,
deseos e integridad emocional.

Sedmiel Azgad Durón Martínez. (1993) Aguas Calientes. México. Mejor conocido como «Azgad Durón». Estudió la licenciatura en psicología en la UAA (Universidad Autónoma de Aguascalientes) y actualmente cursa estudios de maestría en «Desarrollo de la subjetividad» en CEPSIMAAC (Centro de Estudios psicoanalíticos Aguascalientes). Tiene publicados dos poemarios, uno de manera colaborativa llamado «Hojas sueltas» y otro independiente titulado: «Poemario improvisado». Página de fb: Azgad Durón. Página de fb: Balbuceo poético.

Tiempo

Alexandra Ocadiz
-México-

Cáustica memoria del olvido,
de tu sombra brotan semillas agridulces,
con tintes de corrosiva pureza.

Entre cerros de mezquite, sequías surgen de tormento;
un gato se vuelve león, y ahuyenta el miedo
del candoroso cerdo en apuros.

Como pinos crece, entre matorrales secos
y vireos que aclaman:
¡Humanidad!

Los sueños despojan de ruinas el tiempo
consumiendo el rocío en cada rosa,
alimentando la poquedad de interludio.

Brotan de la tierra ríos, borrando sombras
y todo frío hogaño,
salvando(té) del fuego
y a nosotros de la oscuridad.

La parsimonia ha sembrado luciérnagas
sobre mil pétalos de loto
que ahora bailan sobre un lago congelado.

Alexandra Ocadiz (México, 1998), estudiante de la Licenciatura en Derecho por la Universidad Autónoma Metropolitana. Colaboró en la antología titulada "Suicidio" (Marzo, 2022) por la Editorial Independiente "La Sangre de las Musas", ha publicado poemas para la revista digital denominada "Gatomadre."
https://revistagatomadre.wordpress.com/2022/07/01/alexandra-ocadiz-poemas/

Todo Cuenta

Alex Jooliv
(s) Pluma y papel
-Venezuela-

La naturaleza nos regala
Las maravillas de sus creaciones
La ingeniería, lo fantástico de sus obras
La medicina, la calma del dolor
La religión, la fe y la esperanza
El amor, la constancia y dedicación
La educación, el conocimiento de un autor
La justicia, la igualdad y la razón
El tiempo, la otra cara del varón
La familia, los valores y la comprensión
Las matemáticas, la suma, la resta,
La multiplicación y lo que divide cada acción
Pero la Amistad, oh la amistad
Es una mezcla efervescente de saberes,
Que nos confiere un sentimiento
Tolerante de lealtad incondicional y honesta,
Donde en unión con ella,
Se pueden cumplir muchos sueños,
Liderando grandes proyectos,
Compartiendo historias con aciertos y desaciertos
Porque solo un verdadero amigo entiende tu esfuerzo
Y te apoya con respeto, sin exigir un reintegro,
Los días grises y las noches tristes
Cambia tu mirada y te endulza el agua salada,
Jamás le pagues con una moneda falsa
Porque hasta ella te da la espalda
Y un amigo te da la vuelta y te abraza.
El mundo gira alrededor del sol
Y la luna brilla no por su esplendor
No observes el detalle solo analiza la acción.

Hagamos un juramento Antes que el tiempo
Marchite nuestros cuerpos
y no podamos levantar ni un lapicero,
Cúbreme que yo te cubro
Así como Dios cubre el cielo
Y todo el universo

Alex Jooliv, Escritora venezolana con más de 30 selecciones internacionales en poesía y Microrelatos, dos temas musicales de su autoría y una novela en ficción titulada "El Único Creyente" Disponible en Amazon.com, Applebook, Playstore, Kobo. La puedes ubicar fácilmente como Alex Jooliv en redes sociales y plataformas digitales: YouTube, Instagram, Facebook, Tik-Tok.

Tri-angulaciones de la amistad

Linnet Molina Arias
-Cuba-

I

Los amigos están en los buzones,
en las tarjetas de hielo y exquisitos torzos medievales que te
llegan en diciembre,
en las ventanillas de los ómnibus,
o en la radio nacional:
a diez llamadas por año.
Algunos vuelven hechos cabernet suvignon y Armani,
góndolas y subway,
con el Sena en el bolsillo, la goma de mascar,
el acento de los aviones.
Vienen graduados de empresario, de marketing y tecnología,
¡qué feliz te hace verlos en la puerta como gigantes asomados
por los ojos de un elfo!
¡Qué feliz es admirar sus laureles!
Olvidas el tiempo, que nos han acontecido familias y
calvicies,
crees que quieren jugar pocker, tomar café y charlar de algún
viaje a la playa,
pero no, son foráneos que te hacen su monólogo en una
lengua rara
como si tu vida fuese una postal y no tuvieras también tus
premios y tus muertos.
Sientes mucha pena,
asumes que tienen Alzheimer y sólo tú recuerdas las
reuniones nocturnas,
las íntimas imprudencias de la risa.
Tú no tienes GPS, ni selfies en Wall Street,
pero tienes un orgullo que corre como si viviera en un parque
de diversiones

y te gustaría que tus amigos preguntaran si sabe dos más dos,
y no si le sirven los zapatos,
a ese orgullo qué le importan los zapatos,
sigue corriendo con su muñeca desnuda porque no entiende
lo que dicen en aquel idioma alienígena,
para ella los amigos siempre hablan la misma lengua.
Ella sabe más que dos y dos, es tu orgullo,
tú miras sus coletas que se sacuden como las despedidas,
regresas a las caras rumiantes con sus gomas de mascar,
sospechosamente extrañas,
y admites que algunos amigos no vuelven.

II

Hay amigos que se mudan al televisor,
que tienen un nombre en los créditos de los noticieros,
son producers and comunicators
y a ti te no te hace mucha gracia la capital porque embotella
amigos en una pantalla,
y el vidrio es sordomudo, abstemio, no sabe aquello que no le
puedes decir a nadie,
ni tiene un hijo pequeño que toca la guitarra.
A esos tú les escribes, los esperas, pero sabes que otra vez
vuelven al televisor
porque esta ciudad es una madre muy humilde que no da
hijos producers and comunicators,
no te das cuentas que el tiempo es demasiado líquido y no
dijiste que quieres producir un libro
y te vuelves a quedar sin reuniones nocturnas y pocker.

III

Todavía tienes un par de amigos apurados en esta paupérrima
ciudad,
siempre inflexibles con las palabras extras,
siempre pilotos del trabajo, reyes de los neumáticos.

Un después debe alcanzar para toda la burocracia de la
semana,
para diferir los juegos de las niñas,
inmolarse de sociedad.
Estos son los únicos residentes que orbitan el desamparo,
los patriotas de tu casa,
estos también son prófugos de un abrazo, humareda.
Así cae el óxido sobre los cuerpos, nieva la existencia
y confirmas que los amigos son etéreos timoneles a la
orfandad.

Linnet Molina Arias. Cuba. Poeta y narradora. Lic. en Psicología, graduada en 2013 en la Universidad de Camagüey "Ignacio Agramonte". Posee postgrado de herramientas para escribir géneros periodísticos y otros cursos. Como escritora, ostenta algunos galardones en concursos literarios provinciales y una mención nacional. Ha participado en presentaciones de libros, paneles de lectura, y recitales de poesía en eventos literarios de carácter provincial y algunos de alcance nacional dentro de la provincia. Integró el jurado para el concurso municipal de Nuevitas "Una décima para mi ciudad", convocado en la semana de cultura nuevitera de 2022. Forma parte del Grupo Literario "Puerta al camino"; que conduce y dirige el escritor Alejandro González.

Tu amigo fiel

Waldir Flores Navarro
-Perú-

Yo soy tu amigo fiel,
pues estaré para ti siempre.
No importa la distancia,
iré hacia ti a ayudarte.

Acudiré a tu primer llamado,
cuando estés triste,
y necesites consuelo,
o cuando desees celebrar días felices.

Te cuidaré cuando estés enferma,
compartiré todo lo que tenga,
sin temor a quedarme sin nada,
esa será mi motivación.

Cuando te vea feliz,
sentiré alegría y seré también feliz,
nunca me molestaré contigo,
jamás dejaré que algo malo te pase o te hiera.

Te comprenderé,
y caminaré junto a ti,
en el sendero de la tranquilidad,
sintiendo la paz.

Y entonces sentiré que el tiempo,
no pasó en vano,
dejó que pudiéramos conocernos,
para estar siempre ayudándonos.

Y sentir la agradable experiencia,
de ser tu buen amigo;
si hay algo que te puedo decir,
es que eres mi gran amiga fiel.

Waldir Flores Navarro. Perú. Joven escritor, activista ambiental y social, político en formación y Promotor ODS. Desde los 17 años comenzó con el gusto por la literatura, escribiendo historias cortas, artículos y poemas de diferentes temas. Sus artículos y poemas han sido publicados en plataformas y medios nacionales e internacionales. Su enorme gusto por la literatura ha hecho que esté en constante producción intelectual; con el fin de que sus ideas y las historias creadas por él, puedan ver la luz, a través de la publicación de estas.

Un lazo que no necesita sangre

Ana Joselyn Santos Bolaños
(s) @escritos_joss
-Guatemala-

No hay sangre que nos una,
pero la vida cruzó nuestros caminos por una razón,
poco a poco coincidimos más,
comenzamos a tener tantas cosas en común.

La amistad es un apoyo,
es esa familia que uno elige,
es ese apoyo incondicional,
son esas sonrisas sin cesar
y esa guía que te aconseja como avanzar.

Aunque hay personas que nos decepcionen al confiar,
siempre estarán aquellos que demuestran que en tu futuro
quieren estar.
Nadie podrá entender la hermandad que da una amistad,
la complicidad, el soporte, el respaldo, el cariño que da
tenerla.

¡Vaya suerte de todos lo que han encontrado amistad y aún
más dichosos aquellos que cuentan ya con una amistad
eterna!

Joselyn S. Bolaños. Guatemala. Desde muy pequeña se sintió atraída por el arte, pero no fue hasta su adolescencia que empezó a interesarse más por la literatura y escritura. Hasta hace unos años, empezó a compartir su poesía, a través de Instagram en su usuario @escritos_joss; ha logrado empatizar con varios lectores, ya que sienten atracción por su arte. Se caracteriza por su estilo poético diverso, ha colaborado en algunos e-book nacionales como: El vals de los poetas (Quetzal poético), Antología literaria contemporánea (Escritoras guatemaltecas), 20 autores guatemaltecos (Quetzal poético); con poesías propias, permitiéndole dar a conocer más su trabajo. En octubre del 2021, publicó su primer libro digital de poemas titulado "Entre versos y vinos", que contiene poemas propios y poemas en colaboración con otros poetas y poetisas de otros países, permitiéndole darse a conocer en otros países de habla hispana.

Vanesa en la ciudad bonita

Enver Bazante
-Ecuador-

Piel clara, de rostro dulce,
delicada y frágil, es serena,
muy bella, su perfil luce,
una persona especial es ella.

La luna refleja en Vanesa,
su cordial mirada fulgida,
gustan sus ojos de princesa,
un instante creí me recuerda.

Caminando miré las flores,
que adornan las veredas,
del lugar mágico donde vive,
un hogar así siempre anidas.

Algunos cambios por los años,
no fueron suficientes, es la verdad,
amiga sincera, de muchos agrados,
la esencia de Vanesa está en la ciudad.

Enver Bazante. Ecuador. Poemario "Presente", 2022. Gestor de la Antología Poética "Poetas comparten 2" (En autoría compartida, 2022). Doctor Honoris Causa en Literatura Latinoamericana. Grado Honorífico Ilustrativo otorgado por Institución Cultural Colombiana Casa Poética, Magia y Plumas (2022). Antología Poética "Poetas comparten" (Primera edición en autoría compartida 2021). Poemario poetas de 11 países comparten (En autoría compartida, 2021). Reconocimiento: Primer lugar, ganador en convocatoria internacional de creaciones literarias con temática de terror (2021). Poemas y textos han sido publicados en formato virtual e impreso en diferentes países.

Viajeros
María Guadalupe Pérez Ferra
(s) Luu Noise
-México-

Muchas formas de soledad
y elegimos viajar acompañados de un abrazo reconfortante
entre una brisa de pétalos violeta.

Porque el recorrido suele ser largo
y el equipaje repleto de canciones
algunas voces que nos recuerdan
que necesitamos de una mano amiga
un hombro para recargarnos
cuando la vida se vuelva vacía.

Entre las aves
palabras sinceras, la sonrisa que consuela
una elección del corazón
un camino en el que se avanza mejor
cuando se lleva apoyo
lleno de alegría.

Muchas formas de amar
y sucede que encontramos el más puro entre las personas
con imperfecciones y desacuerdos
pero también, el que no nos abandona
el de la amistad sincera.

María Guadalupe Pérez Ferra "Luu Noise" (México, 1996). Pasante de la licenciatura en Creación Literaria por la UACM y estudiante de Lingüística en la ENAH. Ganadora del segundo lugar en el primer concurso Leyendas en el extremo sur de la Revista 3ES. Ha participado en festivales como Semillas UACM,

EnRolArte.Arte, Fip Xochimilco y segundo Coloquio internacional de poesía y filosofía. Becaria de programa Voces flamantes 2021. Ha publicado en Revistas como: Revista Tlacuache, La Pulcata, Caina fanzine, Aleteo poético, Círculo literario de mujeres, axolotl magazine, Palabrijes, el placer de la lengua, FemFutura, Acuarela humanística de la UAEM, Colectivo cultural gatomadre y algunos otros textos en la antología Voces violeta de la editorial Voces indelebles.

Víspera de aniversario

Juan Andrés Gómez
-Perú-

Para Mayra Montesinos R.

Amiga, amor soñado de hace tiempo;
Aquí, desesperado
Adelanto esta flor para darte por tu día
A pesar de la angustia de tus manos
Te abrazo pensando y suspiro,
Imagino tu cuerpo para medir mi abrazo
Aquí, en la madrugada,
No sé si es sueño o mi alma te ha buscado
Como un río que corre con el viento
Porque escucho tu voz aquí a mi lado.

Si vieras mi mirada,
Está como león que acecha
El cielo es mío desde que un día sonreíste
Convertida en sirena
Haciendo que mi mar se confunda con tus aguas,
Haciendo que tu cuerpo se convierta en poema.

Toma esta flor, ya fue acrisolada
Con el aroma de tu piel en cada pétalo;
Puedes besarla todos los días para que crezca,
Para que te acompañe hoy y cada mañana.
Hoy no es un día, es víspera de tu aniversario,
…Y si no estoy… esta flor te ama.

Juan Andrés Gómez. (1982) Callao – Perú. Poeta actor y promotor cultural. Ha participado en diversas muestras de poesía nacionales e internaciones y colaborado en revistas como: Casa Nuestra (Lima,

2005), Alhucema. Revista Internacional de Teatro y Literatura N°
34 (España, 2016), Calaima N° 5 (Colombia, 2021), Revista literaria
Ergo N° 3 (Lima/Bilbao, 2021); entre otras, como también en
espacios digitales culturales. Publicó los poemarios "Diálogos
póstumos" (2014), "Viaje a Ítaca" (2015) y Puerto de Letras. Poetas
del Callao en el Bicentenario (2021).

Vos, yo y la banca en el jardín

Scarlette Orozco López
-Nicaragua-

Cómplices bajo el espino negro
yo en la banca vos ahí
aromas de verdor
sutil brisa del atardecer
seguimos juntos
yo en la banca vos ahí
paleta celestial de sol
que comienza a recogerse
acaricio tu cabeza
sin palabras
abanicas tu cola
silencio
lames mi mano
ternura
me das tu pata
estoy aquí
no hay palabras
me regalas tu mirada
ambos lo sabemos
estamos juntos ahí:
vos y yo en la banca del jardín.

Scarlette Orozco López (Nicaragua, 1972). Zootecnista y Máster en Gerencia de lo Social con amplia experiencia en cooperación al desarrollo. Autora del libro de microficción Variedades (Proyecto Editorial La Chifurnia, 2022). Incluida en diversas antologías digitales, siendo las más recientes Tigres para Juan (Brevilla, 2022) y Cadáver exquisito latinoamericano 2022 (EOS Villa). Mención especial en el Sexto Concurso Nacional de Literatura Infantil "Libros para Niños y Niñas 2010" (Nicaragua). Cuenta-cuentos principiante del Movimiento de Narradores Orales Escénicos de Nicaragua (2018). Miembro de la Red de Escritoras de Microficción (REM).

Wachalal

Magdiela Chay
-Guatemala-

Camino sin rumbo ni guía
Camino sola en esta agonía
Sin querer he encontrado almas de alegría
¡Algo he hecho bien en mi vida!

Desde mis antepasados traigo clavado este sentimiento hacia
mi hermano.
Mi wachalal
Mi compañero
Mi luz existente entre lo recóndito de mi ser
Mi lago de sonrisas
Mi volcán de fuerzas que nunca termina de vivir.

Mi wachalal
La verdad entre la mentira
La rebeldía entre la sumisión
Único hombro que la vida me obsequió.

Wachalal, no marchites sin mí
Nuestra alma necesita vivir
Seremos raíces que renacerán cada día en cada amanecer.
Como la lluvia que siempre vuelve a caer
Como el colibrí que siempre vuelve a revivir.
¡Nos vemos pronto…!

Wachalal, te toco partir antes que a mí
Estas fuerzas de vivir van por ti.
Te recordaré en las flores del cerro
En la belleza del altiplano
En los güipiles de mi gente
En la primavera que adormece tu dulce vida.
¡Hasta siempre…Wachalal!

Así son los amigos (Francisco Salas Rodríguez –México-)
Breve sinfonía versada (Rolando Reyes López –Cuba-)
Caminamos juntos (Rafael Cervantes Gómez [Conejosinluna] –México-)
Carta a mi hermano (Erika Arroyo Ortiz –México-)
Carta para una mujer que siempre será princesa (AJRR, Adriana Rodríguez –México-)
Celebremos (Baltazar Cordero Tamez –México-)
Como Flores (Mayra Mier Armas [Muso 2021] –Cuba-)
Cuando necesites un amigo (José Martín Moscoso Reyes –Guatemala)
Después de este tiempo (Ángel Arturo Garcés –Cuba-)
Detengo mi marcha (Mariano Daniel Gutiérrez –Argentina-)
Divina amistad (César Blanco –Venezuela-)
Eclipse (Verónica Paravecino Loaiza [Poetaoscuro] –Perú-)
El caudal (Adamary Cadena –México-)
El Negro Cósmico (René Noé Coz Paxtor –Guatemala-)
El que vestía de negro (César Alejandro Treviño Cruz –México-)
Ellos me salvaron (Mapi Scarlett Flores Cruz –México-)
En la oscuridad mi luz (Rocío Prieto Valdivia –México-)
En praderas y montañas (Fabio Robles Martínez -Costa Rica-)
En silencio (Mónica Cataldo –Argentina-)
Enciende la antorcha (Estela Noemí Colón [Anastacia Esahian] –Argentina-)
Entre nosotros (Alicia Mejía Alba –México-)
Eres (Agustín Ávila Rodríguez –Cuba-)
Ese amigo que yo tengo… (Sheina Lee Leoni –Uruguay-)
Estamos (Allen –México-)
Hace años no te veía, solo en ti confío. (“ALLEN” –Guatemala-)
Haikus de amistad fraterna (Esperanza Cuayal Chapues –Colombia)
Hasta siempre, amig@ (Jj Argolla-Pañuelo –España-)
Huellas (Yoe G. –México-)
Jalea y Chocolate (Martha Robles Becerra [Abril] –Perú-)
La amé (Sujenis Carolina Urbina Ñañez –Venezuela-)
La amistad (María Cristina Amengual –Argentina-)
La Amistad (Pablo Manuel Leal Argeñal [PALEAR] -Costa Rica-)
La vaca Octavia (Angélica González Guerrero –Chile-)
Las rosas de mi jardín (Julia Pasten Peñaloza [Lagartija sin cola] –México-)
Lazos de amistad (Patricia Alba –Bolivia-)

Lazos del alma (Carmen Capote Díaz –Cuba-)

Lazos profundos (Héctor Ricardo Saborío -Costa Rica-)

Le dije a mi amigo (Olivia Justo Abarca –México-)

Los amigos siempre están aquí (Maid Corbic de Tuzla –Bosnia-)

Los egos (Isabel Furini –Argentina-)

Lo que en fin nos ata (Nelson Roque Pereira –Cuba-)

Mi amigo (Anahí Andrea Herrera –Argentina-)

Mi amigo fiel (Mirna Soraya Salas Díaz –México-)

Mi amigo, mi dulce amigo (Mónica Eleonora Xic López –Guatemala-)

Mi lobo guardián (Luis JaDo –México-)

Mi pequeña Nora (Beatriz Alicia Vázquez Valencia –México-)

Mis amigos (Noemí Galarraga –Argentina-)

No camines más sin mi (Guadalupe Gricelda Álvarez Swarez –México)

No es más, ni menos (Paola Stefhany Rodríguez –Honduras-)

No te conoce (Sergio Montalvo Mareca –España-)

Nuestra Amistad Sincera (Isadora Borrás Buenrostro [Siente mi poesía] –España-)

Nuestras palabras de amistad (Dušan Stojković –Serbia-)

Ofrenda de amor (Claudia Flores Espinosa –México-)

Parten los amigos (Jair Antonio Hernández Quintero –Colombia-)

Paseo de aquellos días (Jesús Zarazúa Rangel –México-)

Raíces (Patricia González –México-)

Reconexión (Magdalena Velasco Mendoza [Migdal Madu] –Colombia-)

Reencuentro (Norma Minniti –Argentina-)

Retratos sin color (Gloria de la Soledad López Perera –España-)

Salud Bautista (Ernesto Salamandra –México-)

Salvadores de mi secreto (Cristina Itzel González Torres [Itzel Torres]) –México-)

Secar el leteo (Leonardo Sandoval Márquez –México-)

Semillas de amistad (Esmeralda Méndez Gutiérrez -Costa Rica-)

Señorito enfermizo (Mel CC Alarcón –Perú)

Siempre el mismo día (Darwin Cruz Amador [Evan´s Darwin]–Nicaragua-)

Siete letras (Julia Meso Ramírez –Argentina-)

Sincera amistad (Ricardo Pérez da Costa –Uruguay-)

Socio (Alejandro Pes Casado –España-)

Te receto (Sedmiel Azgad Durón Martínez [Azgad Durón]) – México-)
Tiempo (Alexandra Ocadiz –México-)
Todo Cuenta (Alex Jooliv [Pluma y papel] –Venezuela-)
Tri-angulaciones de la amistad (Linnet Molina Arias –Cuba-)
Tu amigo fiel (Waldir Flores Navarro –Perú-)
Un lazo que no necesita sangre (Ana Joselyn Santos Bolaños @escritos_joss (seudónimo) –Guatemala-)
Vanesa en la ciudad bonita (Enver Bazante –Ecuador-)
Viajeros (María Guadalupe Pérez Ferra [Luu Noise] –México-)
Víspera de aniversario (Juan Andrés Gómez –Perú-)
Vos, yo y la banca en el jardín (Scarlette Orozco López –Nicaragua)
Wachalal (Magdiela Chay –Guatemala-)

La presente obra es el fruto de la participación de 116 poetas y poetisas de 20 países que resultaron seleccionados de un total de 1038 participantes en la convocatoria "Amistad 2022" organizada por Ediciones Afrodita. Córdoba, Argentina, Julio 2022